UM COACH GREGO

Liderança acolhedora e autoconhecimento

Capa e projeto gráfico: Marco Cena
Revisão: Sandro Andretta
Produção editorial: Bruna Dali, Danielle Reichelt e Maitê Cena
Produção gráfica: André Luis Alt

Dados Internacionais de Catalogação na Publicação (CIP)

B695u   Bomfiglio, Eduardo
        Um coach grego: liderança acolhedora e
    autoconhecimento. / Eduardo Bomfiglio. – Porto Alegre:
    BesouroBox, 2015.
        200 p.; 14 x 21 cm

    ISBN: 978-85-5527-012-3

        1. Coaching. 2. Liderança. 3. Autoconhecimento. I. Título.

CDU 658.3

Bibliotecária responsável Kátia Rosi Possobon CRB10/1782

Copyright © Eduardo Bomfiglio 2015.

Todos os direitos desta edição reservados a
Edições BesouroBox Ltda.
Rua Brito Peixoto, 224 - CEP: 91030-400
Passo D'Areia - Porto Alegre - RS
Fone: (51) 3337.5620
www.besourobox.com.br

Impresso no Brasil
Agosto de 2015

UM COACH GREGO

Liderança acolhedora e autoconhecimento

Eduardo Bomfiglio

1ª edição / Porto Alegre-RS / 2015

Capítulo 1

*"A vida não examinada
não vale a pena ser vivida." (Sócrates)*

Tudo na vida é um devir. Tudo está sempre em transformação, incessante e permanente. O grego Heráclito de Éfeso tinha razão. A semana inteira que eu teria em Atenas, entre uma audiência e outra, seria a oportunidade perfeita para pensar nisso.

Com tanta coisa para fazer em Londres, o escritório insistiu que eu tirasse uns dias para descansar. Talvez quisessem me ver longe por algum tempo...

Recomendaram-me as praias e as ilhas gregas, mas não tinha o mínimo interesse em conhecer praias e ilhas, ainda mais que me disseram que os gregos são um povo antipático, que se comunica aos gritos. Nunca gostei de barulho e de confusão. Teria que esperar o tempo passar a próxima segunda-feira. O que fazer? Não tinha outra escolha, a não ser ir para o hotel e ler o processo.

Como o hotel ficava a poucas quadras do fórum, pude chegar em poucos minutos. Isso é uma das raras coisas boas de Atenas. Tudo que importa está a poucas quadras de distância. Caso você se perca, basta olhar para cima e procurar a Acrópole. Atenas tem basicamente dois morros, o Likavittós e a Acrópole, sendo esta a tradução de "cidade alta", em que *acro* é alto e *pólis*, cidade. Então, como disse, basta encontrar um desses morros e você logo se localiza.

Já havia decorado todas essas informações, pois aonde ia contavam sobre a Acrópole e seu significado. Provavelmente, não havia mais nada para se ver na Grécia, a não ser aqueles dois morros. Não saía da minha cabeça que teria de ficar uma semana inteira naquela cidade. E o pior, o processo já estava decorado. Sabia tudo o que deveria falar, até mesmo as respostas para as perguntas que o oponente ou o magistrado pudessem fazer.

Para o tempo passar mais rápido, fui até a piscina do hotel, mas ela estava em obras e só seria reaberta dentro de uma semana. Maldição grega. Um calor infernal e nem uma piscina para me refrescar eu tinha.

Como já estava anoitecendo, resolvi sair para comer algo. A recepcionista do hotel, bastante solícita, mas sem falar muito em inglês, sugeriu que eu visitasse os bairros Plaka ou Monastiraki, onde encontraria bons bares e cantinas. *Pubs*, em Atenas, nem pensar. *Que país atrasado*, pensei.

Após algumas quadras e quatro euros a menos em minha carteira, cheguei a Monastiraki. O taxista me deixou bem na praça. Ali, lembrei-me vagamente da Piccadilly Circus, não pelos seus cruzamentos, mas pelos tipos exóticos que vi circulando.

Bastou olhar para o alto, que lá estava a Acrópole. Naquele momento, toda iluminada, até se tornara mais bela, mas nem de perto chegava à grandiosidade e à suntuosidade do prédio do Parlamento Inglês, e muito menos do Palácio de Buckingham, para comparar somente com esses dois. Mas, para os gregos, ela era o máximo.

Caminhei um pouco pelo bairro, onde havia apenas vendedores ambulantes e pessoas rindo alto e falando aos berros. Já estava desanimando, quando à minha frente se descortinou uma rua, com vários bares. Escolhi um deles e sentei. Mesmo sabendo que a comida servida não era boa, tinha certeza de que uma cerveja inglesa traria alguma recordação de casa.

Qual foi a minha decepção quando me informaram de que não havia cerveja inglesa no cardápio! Pensei em me levantar e ir para algum dos bares à volta, mas, para minha insatisfação, constatei que, mesmo neles, todos bebiam praticamente a mesma cerveja.

Por falta de opção, pedi a cerveja da garrafa verde, que logo fiquei sabendo se chamar *Mythos*. Que falta de originalidade! Tudo para esses gregos é mito ou então filosofia. No primeiro gole, não me pareceu ruim. Era, digamos, bebível. No entanto, o que comer se tornou a dúvida. *Moussaka*, um dos pratos principais da culinária grega, uma espécie de prima humilde da lasanha, é que não seria a minha opção para o jantar. Então, para não errar, tive que pedir uma boa e conhecida (no caso, nem tão boa) *pizza*.

Depois da terceira garrafa, mesmo que *long neck*, a *Mythos* começou a ficar melhor.

Apesar de o metrô passar ao lado do bar, de a rua inteira estar cheia de pessoas barulhentas e de um trenzinho que ficava passeando pela calçada repleto de turistas, consegui ouvir três músicos cantarem no bar onde eu estava. Na segunda música, identifiquei uma velha canção que meu falecido pai escutava. Era o tema do filme *Zorba, o Grego*. Por um momento, fiquei pensativo, lembrando-me dele cantarolando a música, sentado em seu velho sofá. Mas logo voltei à realidade, quando dois senhores passaram por mim e um deles esbarrou na minha cadeira. Pareciam ansiosos para dançar. Que cena ridícula! Os dois, abraçados, iam de um lado para o outro, no compasso da música.

Para o meu espanto, na mesa ao lado, um homem, cuja presença até então eu não havia notado, falou:

– *Zorba, o Grego*. Este é o tema do filme, e esta dança é tradicional. Só os homens dançam.

Meio atônito, pois não havia perguntado nada, respondi com um curtíssimo *sim*.

Ele, querendo ser gentil, ou desejando ter alguém para conversar, perguntou:

– É turista?

Novamente respondi com um simples *sim*.

Capítulo 2

*"Vencer a si próprio é a maior
das vitórias." (Platão)*

— Vasilis.

Ele falou me olhando, para depois estender a mão. Em um primeiro momento, não havia entendido que o nome dele era Vasilis.

— Willian — respondi, apertando sua mão.

— Está gostando do meu país, Willian?

— Sim, é muito lindo.

Como vou dizer a ele, que deve adorar seu país, que não via nada de mais justamente em sua capital, aquela cidade acinzentada?

— O melhor daqui são as pessoas, Willian...

Naquele momento, como um raio, passou um filme em minha cabeça, lembrando-me do meu grande amigo chinês Zhi Won, que também havia dito, sobre a China, que o melhor de seu país eram as pessoas.

Intrigado, perguntei a ele por que os gregos eram o que havia de melhor na Grécia. Após sorver um longo gole de sua *Mythos*, ele desandou a falar.

– Inicialmente, pelo fato de termos tido aqui grandes pensadores. Segundo, pela amabilidade do nosso povo.

Lembrei-me de minhas aulas de História e Filosofia e logo afirmei, cheio de confiança, orgulhoso de minha memória e, também, para provocá-lo:

– Grandes filósofos, tidos como gregos, não pertenceram à Grécia, como Tales de Mileto, Anaxímenes e Heráclito de Éfeso, entre outros.

– Sim, em parte você tem razão. Apesar de essas cidades estarem localizadas hoje no território da Turquia, há aproximadamente 2.700 anos pertenciam à Grécia.

A vontade que eu tinha era de encontrar algum argumento para desbancar o que Vasilis acabara de dizer, mas a frase de Confúcio, que Zhi havia me ensinado, me veio à mente: "Se sabe, sabe. Se desconhece, desconhece. Esta é a essência da sabedoria". Então, lembrei-me de que não precisamos tentar vencer um diálogo, tornando-o um embate de palavras, para aumentar nossa vaidade.

– O mais importante é o legado que eles deixaram – afirmou Vasilis, com o que eu tive de concordar.

– O que você faz, Vasilis?

Involuntariamente, fiz a pergunta que eu mais abominava, pois havia aprendido que mais importante do que saber o que a pessoa faz, é sabem *quem* ela é.

Apesar do desgosto com a pergunta, que ficou evidente em seu semblante, ele gentilmente respondeu:

— Sou antropólogo e filósofo.

— Sério? – perguntei, como se ele tivesse qualquer motivo para querer me enganar.

Fiquei envergonhado com a minha reação e ele percebeu.

— São profissões pouco comuns nos dias de hoje, não é mesmo?

Ele respondeu de forma serena:

— Na verdade, eu simpatizo muito com ambas e seus respectivos temas.

Naquele momento, acho que meu comentário ficou ainda pior, pois tornou-se nítido que eu não pensava o mesmo que ele.

— Já tivemos os melhores filósofos, mas isso foi há muitos anos. Hoje, poucos querem pensar – Vasilis falou, com o intuito óbvio de amenizar minha consideração a respeito de sua profissão.

— O que você sugere que eu faça na Grécia em uma semana? – perguntei, para mudar logo de assunto.

— Conheça as praias e as ilhas.

De novo isso!, pensei. *Será que só tem praias e ilhas na Grécia? Não quero saber de praia.*

– Alguma outra sugestão? Tenho que ficar até a próxima segunda-feira. Gostaria de me manter longe do barulho e do tumulto.

– Você anda de moto?

Andar de moto? Que pergunta! Nem respondeu à minha e já fez outra. Quanta indelicadeza!

– Sim, ando. Tenho uma moto que uso nos finais de semana para "desopilar" e conhecer pequenas cidades do interior da Inglaterra.

– E você sempre gostou de andar de moto?

Após cinco cervejas, o deus Dioniso, que tem o poder de alegrar as pessoas e torná-las íntimas, já se fazia presente.

– Na verdade, foi uma dificuldade muito grande, mas que superei pelos ensinamentos de um grande amigo, chamado Zhi. Na infância, quando ganhei minha primeira bicicleta, foi uma emoção indescritível. Foi em um Natal. Não dormi naquela noite. Na manhã seguinte, meu pai me levou para o parque e me segurou enquanto eu pedalava. Estava realizando um grande sonho. Passados alguns minutos, meu pai disse que me largaria e eu andaria sozinho. Falei que estava com medo e mesmo assim ele me soltou. Levei um grande tombo. Para minha surpresa, ele ordenou que eu subisse na bicicleta e tentasse de novo. Quando falei que tinha medo, ele gritou dizendo que quem tem medo não consegue nada. Corri para o carro. Ele entrou no carro sem conversar e voltamos para casa. Não havia mais andado de bicicleta até o

Zhi me estimular a andar novamente. Da bicicleta para a moto, foi questão de pouco tempo.

— Saio amanhã para a cidade de Delfos e retorno domingo, no meio da tarde – disse Vasilis, extremamente animado.

— A cidade de Delfos? Aquela do oráculo? – perguntei, também animado.

— Conhece? – perguntou um Vasilis desconfiado.

— Sim, o filme *Matrix* faz referência ao oráculo.

Vi novamente uma expressão de frustração em Vasilis. Falar sobre o oráculo mencionando um filme *blockbuster*, em vez de falar de Sócrates, Ulisses e vários soberanos e ilustres que estiveram em Delfos, era, no mínimo, uma ignorância desmedida, para não dizer algo pior.

— Sim. No filme há uma referência ao oráculo. Mas, para nós, é um lugar de grande conhecimento e sabedoria. Vários reis e filósofos consultaram o oráculo – falou ele, em tom professoral. – Tenho duas motos, ou melhor, uma é minha e a outra é da minha esposa. Mas ela está viajando e só retornará daqui a dez dias. Se você quiser ir junto, ficarei contente pela companhia. No percurso, passaremos por outras cidades, entre elas, Niceia, Olimpia e Esparta, até chegarmos a Delfos.

— Niceia, onde Hércules matou o leão?

— Exatamente. O leão de Niceia. Vamos ver isso lá.

— Olimpia é das Olimpíadas? E Esparta, a maior rival de Atenas? – perguntei, extasiado com a possibilidade de ir junto.

– Isso mesmo. Vejo que você conhece um pouco da nossa história. Aqui está o meu cartão. Ligue-me amanhã pela manhã. Devemos sair às 14 horas.

Àquela altura, os músicos já haviam parado de tocar, restava um único casal de namorados se beijando e mais ninguém.

– Moro aqui perto – disse Vasilis.

– Pego um táxi, não se preocupe. Uma boa noite e até amanhã!

Cada um foi para um lado. Com os bares já vazios, somente o Partenon, do alto da Acrópole, iluminava os poucos notívagos que caminhavam por Monastiraki.

Capítulo 3

"Devemos nos comportar com os nossos amigos do mesmo modo que gostaríamos que eles se comportassem conosco." (Aristóteles)

Chegando ao quarto do hotel, desmoronei. *Tudo de novo, não. Isso não pode estar acontecendo.* Há sete anos, foi o Zhi. Do nada, apareceu aquele chinês e me convidou para ir ao interior da China. Uma pessoa que eu nunca havia visto, em um país onde eu nunca imaginara estar, mas o resultado foi surpreendente. No momento em que me permiti conhecer algo novo, em que suspendi o juízo sobre outras pessoas, sobre outra cultura, acabei mudando. E como!

Tudo que aprendi com o Zhi foi fundamental para minha carreira e vida pessoal. Quem sabe, não surge daí uma nova oportunidade? Não sei. Talvez desta vez seja diferente. Os orientais têm fama de respeitadores. Os gregos, de bagunceiros e arruaceiros. Toda a sabedoria chinesa... mas também a filosofia grega. Que decisão tomar? Deveria ligar para Sarah, agora que estamos juntos, mas certas coisas devo decidir por mim mesmo.

Posso averiguar pela internet, assim como fiz com Zhi. Vasilis Blazoudakis, como consta no cartão. Nossa! Professor da Universidade Capodistriana de Atenas. Mestrado por essa mesma Universidade. Doutorado em Harvard e Pós-Doutorado em Bonn, Alemanha. Por isso que fala inglês de forma fluente.

Interessante... Membro do Comitê de Filosofia da União Europeia. Destaque como Professor Emérito. Livros publicados. Casado com Konstantina, dois filhos estudando no exterior e membro do grupo de motociclistas Cavalo de Troia.

Vejamos... Hoje é quarta-feira. Tenho compromisso somente na segunda. O processo está bem encaminhado. Tenho total domínio sobre ele. Não quero visitar as famosas praias e ilhas gregas. Então, por que não ir com Vasilis?

Não, melhor não ir. E se ele for uma pessoa intratável, daquelas que só se preocupam consigo mesmas, que estão sempre com pressa, que não pensam nos outros? Droga! Este era eu há sete anos.

Por este mapa da internet, posso ver que a distância entre Atenas e Delfos, o ponto final da viagem, é de apenas 208 quilômetros. Qualquer coisa, invento um mal-estar e volto de ônibus. Bem diferente da viagem com Zhi, na qual a distância entre a cidade dele e Londres era imensa.

Vou ir, está decidido! Amanhã pela manhã ligo para Vasilis, passo no bairro de Plaka, compro uma mochila, algumas camisetas e vamos para a estrada.

Havia alguns anos que não experimentava esta emoção. Sair pelo mundo, sem destino. Sem saber ao certo o que me esperaria. Não sabia sequer o trajeto, onde dormiria, o que comeria. Muito menos com quem iria.

Por alguns instantes, fiquei paralisado. Outra sensação que há muito não experimentava. Havia aprendido com Zhi várias técnicas que me ajudavam a me controlar, a me programar e a evitar tomadas de decisão precipitadas.

Por outro lado, com aquela adrenalina se manifestando, eu me imaginando em cima da moto, correndo pelas estradas da Grécia, ora vendo o mar, ora as extensas plantações de oliveiras...

Essa emoção me colocava na estrada. O medo imposto pelo risco me mantinha preso no hotel.

Perdas e ganhos. Lembrei-me novamente do Zhi. *Na vida, tudo é uma questão de perdas e ganhos. Vamos sofrer frustrações, mas também podemos ter alegrias. Se a balança pender para os ganhos, vá em frente. No entanto, se pender para as perdas, pare, reflita e faça de forma diferente.* Foi o que fiz. Havia mais ganhos do que possibilidade de perdas. Estava decidido!

Ah! Meu amigo Zhi Won! Mais do que um amigo, meu *coach*, meu mestre, com toda a sua sabedoria, sabedoria simples, mas até hoje insuperável. Quanto lhe devo!

Três anos já haviam se passado desde a sua morte repentina. Foi encontrado na cama, por um vizinho, que logo me chamou. Eu e seu sobrinho éramos as pessoas mais próximas dele.

Quando cheguei, seu corpo ainda mantinha um certo calor, mas a serenidade estampada em seu rosto é algo impossível de descrever. Bem diferente do que vemos em muitos velórios, quando são os agentes funerários que deixam o morto com uma expressão tranquila.

A expressão que Zhi trazia no rosto, na sua hora de morte, era impossível de ser copiada, mesmo por esses especialistas em ajeitar cadáveres. Seu rosto era a estampa de sua alma. Uma pessoa que soube viver, que teve um sentido em sua vida. E isso se traduziu em seu velório. Bem diferente do velório de meu colega James, e mais ainda daquele que imaginei ser o meu, com pouquíssimas pessoas. Aquele bendito chinês foi visitado por centenas de pessoas em seu funeral. Aquele mesmo senhor que parecia tão solitário. É por isso que digo que a grandeza de uma pessoa e o legado que deixa podem ser vistos em seu momento fúnebre. Queria eu ter um quarto das pessoas que estiveram naquele dia para prestar e saudar, pela última vez, meu grande e querido amigo Zhi.

Pensando nele, fui dormir, não sem antes fazer-lhe uma oração, por todos os ensinamentos que havia me concedido. Obrigado, Zhi!

Capítulo 4

*"A maneira de se conseguir boa reputação
reside no esforço em ser aquilo
que se deseja parecer." (Sócrates)*

Acordei cedo, bastante eufórico. Viveria uma nova aventura, após sete anos.

Depois do retorno da China, havia me dedicado, quase que exclusivamente, a atingir a meta de me tornar encarregado no escritório. Cumpri fielmente com os ensinamentos propostos por Zhi. Dediquei-me a estudar toda a vida de Winston Churchill, que se tornara meu modelo de líder. Tornei-me um especialista em suas obras. Assisti a documentários, li livros, entrevistas, tudo a seu respeito. Descobri, inclusive, que ele também tinha pontos de melhoria. Mas quem não os tem?

Fiquei impressionado como a técnica, que Zhi chamou de *modelagem*, funciona. Miro uma pessoa que eu gostaria de ser como ela, estudo tudo a seu respeito e passo a me moldar conforme suas atitudes. Como ela agiria em determinada situação passa a ser a forma que me orientará a agir.

Várias decisões acertadas, em que talvez eu tivesse agido de forma diversa, foram baseadas na modelagem. Mas não foi somente isso. Descobri que o meu sistema representacional, ou seja, a forma como eu percebia as informações e as processava no cérebro, era digital. Dessa forma, passei a anotar tudo e a deixar de confiar exclusivamente na memória. Hoje penso em quantas oportunidades e mal-estares causei e passei pelo fato de não conhecer meu sistema representacional. Ainda bem que sempre temos a oportunidade de aprender e mudar, isso é o que importa.

Outra grande dica do Zhi foi descobrir como Stephanie, a sócia do escritório que eu julgava ser minha algoz, por culpá-la pelas vezes em que fui preterido do cargo que hoje ocupo, percebia minhas sensações, e também como ela precisava ser acessada de forma amorosa.

Sim, a linguagem do amor. As formas como percebemos o amor do outro e como o outro nos toca profundamente. Eu me identifiquei com a qualidade de tempo. Descobri que as pessoas me acessam mais facilmente quando se dispõem a me ouvir. No caso de Stephanie, o que ela necessitava eram palavras de afirmação.

Então, sempre que uma pessoa precisa saber que é importante, que sabe fazer, quando se vê que ela necessita de palavras de afirmação sobre suas capacidades,

Um coach grego

habilidades e competências, é assim que devemos acessá-la. Não adianta dar-lhe presentes, abraços, afagos e fazer gestos de serviços por ela. É por meio de palavras de reconhecimento e gratidão que você vai acessá-la. E era exatamente o contrário que eu fazia.

Não via minhas limitações e ainda atribuía a culpa do meu insucesso a Stephanie. Isso explica por que ela fazia expressões de quase compaixão por mim. Mas, como disse antes, sempre devemos aprender.

Muitos foram os ensinamentos que Zhi me proporcionou. Quisera todos pudessem ter um mestre, ou *coach*, como eu tive.

Ouvir, na essência, aquilo que a pessoa realmente quer dizer. Suspender o julgamento. Meu estilo de liderança. *Autofeedback*. Identidade, missão, visão. Crenças limitadoras. Propósito. Gratidão. Todas aquelas parábolas. Todas as citações dos grandes mestres chineses... Que mudança! Nada mais extraordinário do que olhar para trás e reconhecer a mudança.

Bom, mas agora o momento é de adquirir novos conhecimentos.

Parti resoluto e, em poucos minutos, estava no bairro de Plaka, comprando o que fosse útil para a viagem. Recordei que Vasilis havia dito que as motos tinham bagageiros, assim não precisava me preocupar com mochilas. Algumas camisetas, uma calça *jeans* e uma jaqueta mais grossa eram mais do que suficientes. O clima estava variando entre o ameno e o quente. Não havia previsão de chuvas e o percurso era pequeno, apesar das várias paradas que faríamos. Na verdade, mais caminharíamos do que andaríamos nas motos.

Voltando para o hotel, liguei para Vasilis.

– *Kaliméra*, Vasilis? – arrisquei um bom-dia em grego para parecer mais amável.

– *Kaliméra*, Willian! *Ti Kanis?*

Aí fiquei sem saber o que responder. Mas não tive vergonha de perguntar, mais uma vez me sentindo bem diferente de sete anos atrás, quando me imaginava conhecedor de tudo.

De qualquer forma, Vasilis, ante o silêncio momentâneo que se estabeleceu, voltou a perguntar:

– *Ti Kanis*, tudo bem?

– Estou melhor, principalmente agora que entendi a pergunta.

Rimos os dois de uma situação que, antigamente, seria embaraçosa para mim.

– A que horas saímos?

Eu estava ansioso, mas logo me lembrei de que Zhi havia me ensinado que não era para ter ansiedade nem criar grandes expectativas. Zhi dizia que, ao criarmos expectativas, poderíamos estar gerando uma ansiedade desnecessária. Caso a expectativa não se concretize, pode gerar uma enorme frustração. E o acúmulo de pequenas ou médias frustrações pode levar a doenças.

– Às 14 horas, para chegarmos cedo a Corinto.

– Corinto? Não há alguma coisa no Novo Testamento cristão sobre Corinto?

– Sim. A carta de Paulo, escrita para os Coríntios, é exatamente sobre a igreja de Corinto. Vamos visitar algumas ruínas que existem lá.

– Não sou devoto, mas me lembro bem da carta de Paulo. Estudei na escola. *Coríntios* é uma carta de aconselhamento. É sobre o amor. Nela está uma das mensagens mais bonitas sobre o amor que já li. Vou procurar na internet. Depois lhe conto, se encontrar.

– Sem problemas. É um assunto que me interessa, seja como antropólogo ou filósofo. O amor entre os seres humanos. Cada vez mais esquecido. Se você conseguir encontrá-la, conversaremos sobre o tema. Passarei meu endereço para você vir, Combinado?

– Combinado. Já comprei algumas roupas mais simples. Não é uma viagem para se fazer de terno e gravata, né? – falei para tentar uma aproximação mais descontraída.

– Anote aí. Rua Zalokosta, casa 183. O taxista sabe chegar.

– Tudo bem. Sem problemas. Até daqui a pouco.

Capítulo 5

*"A amizade é uma alma que habita em dois corpos;
um coração que habita em duas almas." (Aristóteles)*

Ao desligar o telefone, fui direto à internet para ler sobre Paulo e os Coríntios. Não me lembrava bem da passagem, mas recordava sua beleza. Não foi difícil encontrar a Carta de Paulo aos Coríntios. Lá constava: "Coríntios é uma carta de aconselhamento. Quando Paulo encontrava-se em Éfeso, ouviu falar dos problemas da congregação cristã na cidade de Corinto. Por isso, passa várias instruções sobre diversos assuntos e, depois, responde sobre as dúvidas dos cristãos daquela igreja".

Correndo os olhos pelo que estava escrito, deparei-me com o Poema do Amor. Estava lá, no capítulo 13 da epístola:

Ainda que eu falasse as línguas dos homens e dos anjos e não tivesse Amor, seria como o metal que soa ou como o sino que tine. E ainda que tivesse o dom da profecia e conhecesse todos os mistérios e toda a ciência, e ainda que tivesse toda a fé, de maneira tal que transportasse os montes, e não tivesse Amor, nada seria. E ainda que distribuísse toda a minha fortuna para o sustento dos pobres, e ainda que entregasse o meu corpo para ser queimado, se não tivesse Amor, nada disso me aproveitaria. O Amor é paciente, é benigno; o Amor não é invejoso, não trata com leviandade, não se ensoberbece, não se porta com indecência, não busca os seus interesses, não se irrita, não suspeita mal, não folga com a injustiça, mas folga com a verdade. Tudo tolera, tudo crê, tudo espera e tudo suporta. O Amor nunca falha. Havendo profecias, serão aniquiladas; havendo línguas, cessarão; havendo ciência, desaparecerá; porque em parte conhecemos, e em parte profetizamos; mas quando vier o que é perfeito, então o que é em parte será aniquilado. Quando eu era menino, falava como menino, sentia como menino, discorria como menino, mas logo que cheguei a ser homem, acabei com as coisas de menino. Porque agora vemos como espelho em enigma, mas então veremos face a face; agora conheço em parte, mas então conhecerei como também sou conhecido. Agora, pois, permanecem a fé, a esperança e o amor, estes três; mas o maior destes é o Amor.

Não tinha como não fazer uma análise reflexiva da minha vida. Estaria novamente vivendo uma aventura. Agora em solo grego, chamado de berço da civilização ocidental. Teria como companheiro de viagem um antropólogo e filósofo. *Que coisa formidável!*, pensei.

Minha felicidade transbordava. Liguei para Sarah, contando tudo o que havia ocorrido. Ela, entre um misto de estupefação e incredulidade, perguntou se eu estava louco.

– Não, Sarah. Estou prevendo uma tempestade de conhecimento. Espero adquirir novos aprendizados. Da última vez que isso ocorreu, com o Zhi, voltei para Londres e logo em seguida me tornei encarregado no escritório de advogados. Quem sabe, não descubro novos pontos positivos para tentar me tornar sócio no escritório? Desta vez, estou muito mais aberto e maduro para novas possibilidades.

– Mas é uma pessoa que você conheceu em um bar, na noite anterior.

– Sim, querida, mas me certifiquei sobre ele e por isso estou ligando para avisar. Vou mandar um *e-mail* para você, daqui a pouco, com os dados dele. Você tem o endereço do meu hotel. Retorno no domingo à tarde e ligo à noite. Não se preocupe que ligo cedo, mesmo sabendo que a diferença de fuso horário é de duas horas.

– E o trajeto?

– Mando junto com o *e-mail*, mas imagina que ainda hoje estarei em Corinto. Se puder, leia, na internet mesmo, o chamado Poema do Amor, que está na carta de Paulo aos Coríntios.

– Aquele que fala sobre a língua dos anjos e sobre o amor?

– Este mesmo. Paulo escreveu para os cristãos de Corinto, por volta do ano 55 da nossa era. É impressionante.

– Ótimo! Fico feliz por você.

– Gostaria de aproveitar e dizer que amo muito você. Que o amor constrói. E gostaria de pedir paciência, tolerância e, principalmente, perdão por todos os meus erros contigo.

Naquele momento, fez-se um silêncio sepulcral, que foi interrompido por um soluço tímido do lado londrino da linha.

– Uma boa viagem. Que os anjos, Deus e os deuses gregos estejam contigo!

Foi o que Sarah conseguiu dizer, após aquela declaração de amor, carinho e respeito que fiz a ela.

Eu havia melhorado muito nos últimos anos com os ensinamentos de Zhi, mais os meus estudos sobre autoconhecimento. Contudo, nesses momentos, via que ainda faltava muito para conseguir demonstrar meus sentimentos para outras pessoas, por mais próximas que fossem.

Encerrada a reflexão e recomposto, desci até o restaurante do hotel para um almoço frugal. Apenas carne e salada, com bastante azeite de oliva.

Capítulo 6

"Devemos seguir sempre o caminho que conduz ao mais alto." (Platão)

Os táxis que estavam no ponto em frente ao hotel não quiseram me levar. Eu estava vestido de maneira simples e as roupas novas ainda estavam nas sacolas das lojas onde as havia comprado. Por óbvio, os motoristas esperavam hóspedes mais "afortunados", para receberem uma polpuda gorjeta.

Naquele momento, pensei no quanto fazemos objeções e conceitos de outras pessoas. O fato de eu estar vestido com uma roupa melhor ou mais modesta não me torna mais ou menos gentil ou mais ou menos grato. Mas quem nunca cometeu esse deslize que jogue a primeira pedra. Por isso, achei melhor guardar as minhas pedras.

Fora do ponto, passaram cinco táxis vazios até que um parasse para eu entrar. E eu nem estava malvestido.

Mas estaria julgando se acreditasse que não pararam, única e exclusivamente, por causa das minhas vestes. Portanto, como diria Zhi, sem julgamentos.

O que importava, naquele instante, era a viagem. Subir em uma moto e percorrer as estradas.

Mesmo não sabendo com exatidão o caminho e as cidades que visitaríamos, pelo mapa da internet pude constatar que passaríamos por campos, planícies, montanhas e mares. Teríamos muitas coisas para ver, portanto.

Entrando na rua Zalokosta, próximo ao número 183, já avistava Vasilis na frente da casa. De dentro do táxi, pude ver as duas motos prontas para a viagem.

– Sete euros – falou o motorista, parando no local indicado.

Dei dez euros. Quando ele ia me entregar o troco, disse que poderia ficar com ele. Com os olhos arregalados, ele falou:

– *Sas efharisto!*

No que eu, sem entender, acenei a cabeça com um leve sorriso, pois imaginava que seria alguma coisa boa, pela satisfação e alegria dele.

A porta do táxi foi aberta por Vasilis, que me deu um forte aperto de mão, nitidamente feliz por me rever. Após ter perguntado se ele estava bem, quis saber o que o motorista havia dito.

– *Sas efharisto?*

– Sim, isso. O que significa?

– Muito obrigado, em grego.

– É que me pareceu que ele havia falado "eucaristio", eucaristia, algo assim.

– Exatamente! *Efharisto*, na pronúncia, sai quase como "ecarristô". A palavra deriva de eucaristia mesmo. Eucaristia significa reconhecimento, ação de graças, em grego. É uma celebração da igreja católica para lembrar a morte e ressurreição de Jesus Cristo, também chamada de "comunhão".

– Muito interessante. Estou vendo que vou aprender muitas coisas.

– Sempre podemos aprender. Com o homem e com a natureza, basta estarmos abertos para o novo.

Fiquei paralisado. Eram as mesmas palavras proferidas por Zhi há sete anos. Muita coincidência.

– Vamos ver as motos – falou um Vasilis animado.

– As duas são iguais, mas ando nesta aqui, até coloquei uma bandeira da Grécia para diferenciar. Estou acostumado com ela.

Eram duas belas motos de 1.200 cilindradas, estilo estradeira, aparentemente muito confortáveis. De qualquer forma, pelo tempo que ficaríamos sobre elas, não havia necessidade de tanto conforto.

– Estão perfeitas, e são muito parecidas com a minha. Fico tranquilo por estar acostumado com esse tipo de moto. Será uma bela viagem, tenho certeza.

– Sairemos em direção a Corinto, passaremos por Nemeia, Epidauro e dormiremos no porto de Nafplio.

Em poucos minutos estávamos rodando pelas ruas de uma Atenas que agora já não parecia mais tão cinza. Pelo contrário, via vasos de flores nas janelas e um povo sorridente e alegre por onde passávamos. Eu mesmo me sentia diferente daquele que, no dia anterior, saíra da sala de audiência amargurado por não saber o que faria nos próximos dias.

Mais uma vez, senti a importância de termos metas, de termos um sentido na vida. E quando falamos em sentido na vida, não necessariamente tem que ser algo grandioso, algo que marque nossa passagem por este pequeno planeta azul, mas que nos faça acordar e ter disposição e alegria suficientes para, pelo menos, querer viver cada dia.

Este foi mais um dos grandes ensinamentos de Zhi. Termos metas, além de uma missão e uma visão. Depois de alcançar a meta, buscar outra, sempre analisando os caminhos e a vida, pois, como dizia o grande filósofo Sócrates, a vida não examinada não vale a pena ser vivida.

Íamos devagar, numa média de 90 km/h, o que nos permitiu chegar em, aproximadamente, uma hora. Afinal, eram apenas 82 km que nos separavam de Atenas.

Vasilis fez questão de me mostrar uma das maravilhas da logística grega: o canal de Corinto.

Logo que descemos das motos, ele, entusiasmado e de forma professoral, apontando para determinada direção, desandou a falar:

Um coach grego

– O canal de Corinto liga o Golfo de Corinto ao mar Egeu. Ele passa pelo istmo de Corinto e separa a península do Peloponeso da parte principal da Grécia. Dessa forma, foi pela ação humana que o Peloponeso se tornou uma ilha.

– Qual o seu comprimento e em que ano foi construído? – não me contive em perguntar, ainda mais que via a satisfação de Vasilis em comentar tal feito dos gregos.

– O canal tem seis quilômetros e trezentos metros e foi construído entre 1881 e 1893. Ele tornou mais fácil a navegação de pequenos barcos na região, evitando uma volta de cerca de 400 quilômetros em torno do Peloponeso. Porém, por ter apenas 21 metros de largura, é muito estreito para cargueiros internacionais. Onze mil barcos navegam pelo canal anualmente.

– E de quem partiu a ideia de construí-lo? – quis saber, maravilhado diante da grandiosidade do canal.

– A primeira tentativa de construir um canal na região ocorreu no ano 67 d.C., por iniciativa do imperador romano Nero. A Grécia havia sido dominada por Roma no ano 168 a.C. Nero ordenou que seis mil escravos escavassem a região com pás. No ano seguinte, com a morte de Nero, seu sucessor, Galba, abandonou o projeto, por ser caro demais.

– Muito parecido com a história do canal do Panamá – falei para parecer que conhecia algo.

– Sim. Há semelhanças. O interessante é que ambos começaram a ser construídos no mesmo ano, 1881. O canal do Panamá pela França, mas teve que parar devido a problemas de engenharia e também pela alta taxa de mortalidade entre os trabalhadores, devido a doenças tropicais. Os Estados Unidos assumiram o projeto em 1904 e levaram uma década para concluí-lo.

– Isso demonstra a importância de termos metas e cumpri-las – falei para externar o pensamento que minutos antes me assolara.

Capítulo 7

*"O sábio nunca diz tudo o que pensa,
mas pensa sempre tudo o que diz." (Aristóteles)*

Subimos nas motos e em poucos minutos de estrada já estávamos em Nemeia. No entanto, Corinto não saía da minha cabeça. Mas não conseguia lembrar onde mais tinha ouvido falar da cidade. A dúvida martelou em minha cabeça até Nemeia.

– Como foi o percurso, Willian? Está tudo bem?

– Sim, tudo bem. Estou tentando me recordar de algum capítulo da História que fale sobre Corinto. E isso está me incomodando a ponto de não conseguir prestar atenção nas belezas do caminho. Meu pai sempre me alertava para esta distração... Isso! Meu pai. Édipo. Laios. Corinto!

– *Édipo Rei*, a tragédia grega escrita por Sófocles. Participei de uma encenação da peça na escola. É a mesma Corinto?

– Sim. Édipo é filho de Laios, rei de Tebas, que foi amaldiçoado de forma que seu primeiro filho tornar-se-ia seu assassino e desposaria a própria mãe. Tentando escapar da ira dos deuses, Laios manda matar Édipo logo após seu nascimento. No monte Cíteron, entre Tebas e Corinto, o bebê tebano deveria ser abandonado para morrer. O criado encarregado dessa incumbência separou-lhe os pés e o suspendeu em uma árvore. O menino foi encontrado por acaso. Forbas, pastor de Políbio, rei de Corinto, passando pelo local, acorreu aos gritos da criança, desatou-a e a levou consigo. A rainha de Corinto quis vê-lo e, como não tivera filho, adotou-o e deu-lhe o nome de Édipo, que significa pés inchados ou pés distendidos. Édipo, ao tornar-se adulto, consultou o oráculo sobre o seu destino e obteve a seguinte resposta: "Você será assassino de seu pai e marido de sua mãe, e de você nascerá uma raça odiosa". Impressionado por essa horrível profecia, e para evitar que ela se realizasse, Édipo exilou-se de Corinto e, regulando sua viagem pelos astros, tomou o caminho da Fócida. Laios se dirigia para Delfos, acompanhado apenas de um servo. Encontrou-se, numa estrada muito estreita, com um jovem que também dirigia um carro. Como este se recusava a obedecer a ordem de afastar-se do caminho, o servo matou um de seus cavalos, e o estranho, furioso, começou a lutar com Laios e seu servo, matando-os. O jovem era Édipo, que, desse modo, se tornou o assassino involuntário do próprio pai.

Pouco depois desse fato, a cidade de Tebas viu-se afligida por um monstro que assolava as estradas e era chamado de Esfinge. Tinha esse monstro cabeça e peito de mulher, garras de leão, corpo de cão, cauda de dragão e asas de pássaro. Agachado no alto de um rochedo, no monte Ficeu, parava todos os viajantes que passavam pelo caminho, propondo-lhes um enigma, com a condição de que passariam sãos e salvos aqueles que o decifrassem, mas seriam mortos os que não conseguissem a solução. Tal enigma era: Qual é o animal que de manhã anda com quatro pés, à tarde com dois e à noite com três? Marcava o destino que a Esfinge morreria, se alguém decifrasse o enigma. Creonte, irmão de Jocasta, que assumira o governo depois da morte de Laios, fez publicar em toda a Grécia que dava a mão de sua irmã e sua coroa àquele que livrasse Tebas do vergonhoso tributo que pagava ao monstro. Édipo apresentou-se para decifrar o enigma, e teve a felicidade de consegui-lo. Disse que esse animal é o homem, que engatinha na infância, anda ereto na juventude e com a ajuda de um bastão, como se fosse uma terceira perna, na velhice.

A Esfinge ficou tão humilhada, ao ver resolvido o enigma, que se atirou em um precipício, quebrando a cabeça contra as rochas e vindo a morrer. A gratidão do povo foi tão grande, que fez de Édipo seu rei, dando-lhe a rainha Jocasta em casamento. Não conhecendo seus progenitores, Édipo já se tornara assassino do próprio pai; casando-se com a rainha, tornou-se marido da própria mãe, e lhe deu dois filhos, Etéolo e

Polínice, e duas filhas, Antígona e Ismênia. Esses horrores ficaram desconhecidos, até que Tebas foi assolada pela peste e, sendo consultado o oráculo, em Delfos, revelou-se o duplo crime de Édipo: ser parricida e incestuoso. Jocasta, em desespero, sobe ao lugar mais alto do palácio, prende ali o seu diadema, faz um laço e se mata enforcada. Édipo, com o gancho do manto, arranca os próprios olhos e, expulso por seus cidadãos, afasta-se de Tebas, conduzido por Antígona, sua filha, que não o abandona na desgraça, e se detém perto de uma povoação da Ática, chamada Colona.

– Que horror!

– Sim, Willian. Uma verdadeira tragédia grega, que só ocorreu porque Édipo não queria ver o que estava à sua frente.

– Como assim?

– Havia no reino um grande sábio, de nome Tirésias. Apesar de cego, ele dizia para Édipo enxergar o que estava à sua frente. Ele queria que Édipo se desse conta de que a profecia de Delfos se realizara em Tebas e de que ele era o responsável pelos desastres que assolavam o reino.

– E por que Édipo não conseguia ver?

– Por causa de sua arrogância. Ele jamais aceitaria que era a causa daquilo tudo, que havia matado seu pai e casado com a mãe. Isso demonstra o erro de sermos arrogantes, o que nos deixa cegos. Muitas vezes, nos achamos melhores do que os outros. Porém, é nesse momento que caímos.

– E qual a relação dessa história com o complexo de Édipo de Freud?

– Encenações da peça de Sófocles estavam sendo apresentadas em Paris e Viena, no século XIX, e tiveram um sucesso fenomenal nas décadas de 1880 e 1890. O psiquiatra austríaco Sigmund Freud, em seu livro *A Interpretação dos Sonhos*, publicado pela primeira vez em 1899, propôs que um desejo edipiano é um fenômeno psicológico universal e inato dos seres humanos, sendo a causa de grande culpa inconsciente.

– Sim, a disputa e o comportamento dos filhos com os pais. Isso, não sendo bem resolvido, também poderá gerar a síndrome da dependência afetiva negativa.

– Esta eu não conheço – disse um Vasilis curioso.

– Eu ouvi de um grande amigo meu, Zhi Won, um dos homens mais sábios que já conheci.

– Pode me falar a respeito?

– Quando olhamos uma criança, constatamos que ela é totalmente dependente de seus pais ou daqueles que a criam. Ela vive em um mundo que não criou, governada por regras que não fez. Do seu ponto de vista, ela é controlada por pessoas grandes e poderosas, que são frequentemente inconsistentes, ilógicas, hipócritas, assustadoras, frias, não amorosas e, em alguns casos, até mesmo brutas e violentas. Ela acredita que seus pais e outros adultos sempre sabem o que estão fazendo. Portanto, seja qual for a maneira que uma criança veja seus pais tratarem-na, ela supõe que é a correta. Os pais dizem que amam o filho. Este sente esse amor no momento em que os pais lhe dão carinho, conforto, comida, proteção e cuidado. No entanto, por motivos inconcebíveis para uma criança que está formando seu senso crítico, seu progenitor grita para não fazer algo, não mexer, não riscar, não pegar, dando-lhe, inclusive, palmadas educativas; a criança acaba ficando confusa, pois, em sua cabeça, se os pais lhe amam, não podem ser rudes e violentos. A criança passa a vivenciar a instabilidade e a imprevisibilidade do amor dos pais, pois estes podem alternar um momento de extremo amor por um de raiva, por exemplo. E o pior é que, por mais que vejamos de forma clara os defeitos em nossos pais, queremos, apesar disso, acreditar que eles nos amaram. A criança que não recebeu o amor incondicional e a aceitação de seus pais entende que não merece ser amada, gerando, por conseguinte, sentimentos de invalidação e de incapacidade de amar. Infelizmente, todos nós tivemos pais que manifestaram vários padrões negativos. Buscando a aprovação de nossos pais, nós naturalmente aprendemos seus padrões negativos, os quais adotamos, ou contra os quais tentamos nos rebelar. E assim, como as lições se tornaram inconscientes em nós, enquanto crianças, também a dor de não se sentir amado parece ser normal, como se realmente não houvesse nada de errado nisso. Nós adotamos os comportamentos negativos de nossos pais por causa do padrão negativo. Nós os imitamos e adotamos seus comportamentos, humores e atitudes, na esperança de que nos amassem se fôssemos exatamente como eles. Mas, como sabíamos que os traços negativos deles não nos traziam felicidade, subconscientemente, agíamos com esses mesmos traços para machucá-los e puni-los por não terem nos dispensado todo o amor que havíamos buscado neles. Na adoção dos traços dos pais é que começam os problemas reais. Se a mãe é medrosa, a criança aprende a ser medrosa. Se o pai não é emotivo, a criança aprende a não expressar seus sentimentos. Quando o pai é protelador, a criança aprende a estar sempre atrasada.

– Interessante. Vou buscar ler mais a respeito.

Naquele instante, me senti feliz por ter compartilhado as palavras do meu saudoso amigo Zhi.

Capítulo 8

"Conhece-te a ti mesmo, torna-te consciente de tua ignorância e serás sábio." (Sócrates)

– Então, estamos em Nemeia, Vasilis? O que devo aprender nesta cidade, já que este país está repleto de histórias, mitos e lendas?

– Falávamos antes da importância de estabelecer metas e cumpri-las, certo?

– Não me resta dúvida, principalmente a partir dos últimos sete anos. Mas qual a relação disso com Nemeia?

– Se você conhece um pouco dos mitos e das lendas gregas, deve se lembrar dos doze trabalhos de Hércules.

– Mais ou menos...

– Zeus era o rei dos deuses olímpicos, aqueles que habitavam o Olimpo. Sua esposa se chamava Hera. Zeus proclamou que o próximo filho a nascer da casa de Perseu seria coroado rei de Micenas, cidade pela qual passaremos ainda hoje. Zeus, no entanto, engravidou uma de suas amantes, de nome Alcmene. Hera, ao descobrir a gravidez de Alcmene, e também estando grávida, fez com que seu filho Euristeu nascesse de forma prematura aos sete meses, portanto, antes do filho de Alcmene, que viria a se chamar Hércules. Mesmo enfurecido com a atitude de Hera, Zeus manteve Euristeu como rei de Micenas. Mais tarde, induzido pelo rancor de Hera, Hércules, em um ataque de loucura, assassinou sua esposa e seus três filhos. Quando se deu conta do que havia feito, fugiu, indo viver isolado no campo. Tendo encontrado seu primo Teseu, foi por ele convencido a visitar o oráculo em Delfos, para recuperar sua honra. O oráculo lhe informou que, como penitência, Hércules deveria executar uma série de dez tarefas, ou trabalhos, e servir durante doze anos ao rei Euristeu, o homem que Hércules mais odiava, por ter herdado seu direito de nascença.

– Não entendi a relação disso com metas ou com Nemeia.

– A Hércules foram atribuídas dez tarefas, que depois viraram doze, porque Euristeu desconsiderou a morte da Hidra, sob o argumento de que seu sobrinho Iolau teria ajudado, e também a limpeza dos estábulos de Aúgias, pois recebera pagamento pelo trabalho e teria desviado as águas de um rio. Isto é, recebeu tarefas, tinha metas a cumprir e precisava fazer um planejamento para a execução dos trabalhos.

– Claro. Agora me dou conta. E Nemeia?

– Na cidade de Nemeia vivia, no fundo de uma caverna, um leão terrível, concebido por Selene, uma temida feiticeira. Querendo se vingar dos habitantes da cidade, que a haviam expulsado, ela fez surgir essa terrível criatura, que tinha a pele coberta por uma poção mágica, que a tornava impenetrável a qualquer arma criada pelos homens. Quando saía da caverna, o leão devorava os habitantes de Nemeia que encontrava. Assim padecia a cidade com a fúria de Selene. O primeiro trabalho de Hércules seria matar o Leão de Nemeia. Achando que a tarefa seria fácil, Hércules rumou para a caverna da fera. Mas a batalha entre os dois foi terrível e Hércules fugiu assustado. Porém, decidiu retornar munido com algumas armas. Mas logo percebeu que elas seriam inúteis para matar o leão. Assim, mais uma vez, teve que fugir. Fora da caverna, Hércules refletiu sobre a tarefa e decidiu voltar a enfrentar o leão sem armas, pois talvez fosse esta a questão: usar sua inteligência no lugar da força. Ao se aproximar novamente da fera, Hércules viu que o brilho nos olhos desta era como um espelho que refletia sua imagem. Depois de uma longa luta, Hércules matou o leão estrangulado. Levando seu corpo para fora da caverna, viu o tamanho real do animal, que não lhe pareceu tão grande assim. Resolveu, então, olhar mais uma vez em seus olhos, e não viu nada lá. Ele havia conseguido vencer a si mesmo e ao seu orgulho. Arrancou a pele do leão e dela fez uma túnica, que o tornou indestrutível. E com a cabeça, fez um capacete, que passou a usar em todas as outras tarefas, para sempre se lembrar de que a força nunca deve superar a razão.

– Sensacional, Vasilis! Dá margem a várias interpretações.

– A luta de Hércules com as feras representa a constante luta que devemos travar para conter a fera que mora dentro de nós, ao mesmo tempo em que preservamos nosso instinto vital e criativo. O leão está sempre associado à realeza e, mesmo em sua forma destrutiva, é o rei dos animais, egocêntrico e selvagem. Dessa forma, sempre que derrotamos e vestimos a pele do leão, a opinião dos outros, que antes nos intimidava, já não tem mais valor, pois estamos vestidos com uma poderosa couraça. No entanto, por mais heroica que seja a pele do leão, sempre representa o egocentrismo, a dificuldade de lidar com a frustração e com a raiva contida. Mas, quando dominamos essa fera que habita em nós, podemos utilizá-la de forma construtiva.

– Interessante. Mas entendo, também, que devemos usar a razão para tomarmos as decisões mais sensatas.

– Sim, Willian! Mesmo que muitas ações ocorram sob o domínio da emoção, a decisão deve ser refletida sempre que possível. No entanto, podemos deixar uma margem para a intuição. Como diriam os meus antepassados, para o nosso *daimon*.

– Este eu não conheço – falei de forma espantada.

– O *daimon*, em uma tradução livre, é divindade, espírito. É um tipo de ser que em muito se assemelha aos gênios da mitologia árabe. São intermediários entre os deuses e os homens. Seu temperamento liga-se ao elemento natural ou vontade divina que os origina. Não se fala em "bem" ou "mal". Um mesmo *daimon* pode apresentar-se "bom" ou "mau", conforme as circunstâncias do relacionamento que estabelece com aquele ou aquilo que está sujeito à sua influência. No plano teleológico, os gregos falavam de *eudaimons* – eu significando "bom", "favorável" – e *kakodaimons* – *kakos* significando "mau". Por isso, a palavra grega que designa o fenômeno da felicidade é *eudaimonia*. Ser feliz, para os gregos, é viver sob a influência de um bom *daimon*.

– Seria como o anjo da guarda, o espírito ou, até mesmo, nosso inconsciente?

– Talvez um pouco diferente, mas podemos dizer que sim.

Como não queria mais incomodar Vasilis, pois vi que estava interessado em tirar fotos do sítio arqueológico em que estávamos, parei as perguntas, mas este tema me interessava muito. E, no momento oportuno, tentaria aproveitar todo o conhecimento de meu companheiro de viagem.

Capítulo 9

"Quanto à virtude, não basta conhecê-la, devemos tentar também possuí-la e colocá-la em prática." (Aristóteles)

Feitas as fotos e alguns rabiscos, subimos nas motos em direção a Epidauro. Nem imaginava o que seria isso. Poucos minutos e muitas oliveiras depois, chegamos ao nosso destino.

Logo fui informado por Vasilis de que Epidauro era uma cidade da Grécia antiga, situada às margens do mar Egeu. Era célebre pelo santuário de Esculápio, o deus da Medicina. Atraía doentes de todo o mundo. Compreendia vários edifícios públicos, entre os quais havia um grande templo construído no século IV a.C. em homenagem ao deus Esculápio. A Medicina era praticada pela interpretação dos sonhos. Ainda havia, além de prédios para a cura do corpo, teatro e jogos, para a cura da alma.

– Vasilis – interrompi quando fazia mais uma série de fotos.

– Sim, Willian? – falou de forma educada.

– Esta figura aqui, com um cajado na mão e uma serpente enrolada no cajado, representa quem?

– Este é Esculápio, o responsável pelas curas. Era considerado o deus da Medicina.

– Mas este não é, atualmente, o símbolo da Medicina?

– Sim. A principal insígnia de Esculápio é um bastão ou cajado com uma serpente enrolada, que muitas vezes tem sido confundido com o caduceu, que possui duas serpentes. A origem do símbolo é muito antiga, anterior aos gregos. Para estes, a serpente estava associada a Apolo, por ele ter matado a Píton de Delfos, e era um símbolo de cura porque, de tempos em tempos, a serpente abandona sua pele velha e "aparentemente" renasce, da mesma forma que os médicos removem a doença dos corpos. Outra versão seria a de que Esculápio, chamado para socorrer Glauco, que havia sido morto por um raio, viu uma serpente penetrar no aposento onde estava e a matou com seu bastão. Logo, uma segunda serpente entrou, carregando ervas na boca, as quais depositou sobre a boca da serpente morta, fazendo-a voltar à vida. Tomando dessas ervas, Esculápio colocou-as na boca de Glauco, que também ressuscitou. Desde então, fez da serpente seu animal tutelar. Seu bastão se tornou o símbolo da Medicina na contemporaneidade em grande número de países e está presente na bandeira da Organização Mundial da Saúde.

Um coach grego

– Quanta informação e quanto conhecimento! – falei extasiado, e continuei: – O que me chama a atenção é que na época de Epidauro já se utilizavam os sonhos para a cura. Será que era a forma de acessar o *daimon*?

– Pode ser, mas o conceito original dos gregos ainda conecta os *daimons* aos elementos da natureza e surgidos em seguida aos deuses primordiais. Assim, há *daimons* do fogo, da água, do ar e da terra.

– Eles não têm uma relação com o perfil comportamental de cada ser humano? Foi feita uma pesquisa de avaliação lá na empresa para sabermos os nossos perfis.

– Sim, esses testes eu aplico na Universidade onde leciono. Já vi utilizarem também na Alemanha. A relação com esses quatro *daimons*, ou elementais, foi proposta, inicialmente, por Hipócrates, respeitado até os nossos dias como o "pai da Medicina".

– Mas você não disse que Esculápio era o pai da Medicina?

– Não. Esculápio era o deus grego da Medicina. Não se sabe muito sobre a vida de Hipócrates. Ele viveu na mesma época que Sócrates e Platão e comandou a importante Escola de Cós, que via a enfermidade como um mecanismo mórbido que deve ser analisado em suas variadas manifestações, independente de sua causa original. Hipócrates estabeleceu, em sua prática, quatro princípios fundamentais: jamais prejudicar o enfermo; não buscar aquilo que não é possível oferecer ao paciente, os famosos milagres; lutar contra o que está provocando a enfermidade; e acreditar no poder de cura da natureza. Hipócrates criou a célebre doutrina dos quatro humores – sangue, fleuma ou pituita, bílis amarela e bílis negra – para melhor entender o funcionamento do corpo humano, englobando a própria personalidade do homem. Conforme esses humores alcançam o necessário equilíbrio, a saúde está presente no organismo. Se um deles está em menor proporção ou em quantidade excessiva, o desequilíbrio se instaura, provocando dor e enfermidades. A visão hipocrática perdurou até o século XVIII. Fundamental também é sua ética, resumida no célebre Juramento de Hipócrates.

– Não é o juramento que os alunos de Medicina fazem no momento da colação de grau?

– Exatamente. O Juramento de Hipócrates.

– E qual a relação disso com os perfis comportamentais?

– Voltemos aos perfis. Hipócrates propôs que o temperamento humano é determinado pelo equilíbrio dos quatro fluidos corpóreos essenciais: se o sangue predomina, somos "alegres" de temperamento; se é a bílis negra que predomina, somos "sombrios"; no caso de ser a bílis amarela, somos "entusiásticos" de temperamento; caso seja a fleuma, somos "calmos" de temperamento. Embora a ciência moderna tenha, há muito tempo, descartado essa fisiologia antiga, os quatro fluidos (mais tarde chamados de "humores") e seus temperamentos correspondentes descreviam padrões humanos tão universais que se tornaram a fundação da Medicina grega e romana. Durante muito tempo, essa premissa foi utilizada e desenvolvida. Na Idade Moderna, foi estudada por Carl Gustav Jung e trazida para o ambiente empresarial através de adaptações para essa finalidade. Por volta de 1920, o psicólogo norte-americano William Moulton Marston definiu a metodologia com o nome DISC, que são as iniciais de Dominância, Influência, Estabilidade e Conformidade. Porém, eu uso na Universidade um outro teste de perfil.

– E como ele funciona?

– É muito parecido. Como podemos utilizar esses quatro perfis básicos para fazer centenas de combinações de predominâncias, que geram personalidades distintas, apenas reforçamos que, apesar da singularidade de cada um, todos pertencem a um grande grupo. Por isso, usamos a nomenclatura daquilo que cada um realmente significa, ou seja: comunicador, planejador, executor e analista.

– Interessante para usar no escritório...

– Sim, e não apenas contigo, mas com todos que estão à volta. Melhora muito a produtividade da empresa.

– De que forma?

– Descobrindo o perfil de cada um e utilizando-o da melhor forma possível.

– E como descubro o meu?

– Já está entardecendo. Vamos andando, pois temos que chegar a Nafplio, uma das cidades mais belas da

Grécia, onde iremos dormir. Preciso pegar uns documentos com um colega, e depois poderemos, saboreando uma *Mythos*, fazer a avaliação do seu perfil.

Subimos nas motos e rumamos para Nafplio. Ao longe, pudemos ver as edificações de Micenas. A cidade que deveria ter sido de Hércules.

Capítulo 10

"A coisa mais indispensável a um homem é reconhecer o uso que deve fazer do seu próprio conhecimento." (Platão)

– Que bela cidade é Nafplio, Vasilis! – falei, deslumbrado com a paisagem que avistava. De fato, do alto das montanhas, um castelo medieval observava nossos passos e todas as casas até a beira de um mar de águas azuis cristalinas.

– Adoro este lugar, Willian, pois é de uma riqueza cultural deslumbrante, além das tramas e guerras que foram travadas aqui. Vamos sentar nesta praça e contarei um pouco da história deste povoado.

A praça estava cheia de pessoas alegres, na sua maioria, turistas. Em um canto da praça, um músico tocava gaita, mais por prazer do que pelo pagamento dos poucos euros que lhe eram jogados.

Vasilis sorveu um bom gole de sua cerveja, como se fosse ficar horas falando, e começou:

– O nome da cidade mudou várias vezes ao longo dos séculos. Durante a Antiguidade Clássica, era conhecida como Nauplia. Durante a Idade Média, diversas variantes do grego bizantino foram usadas, incluindo Náfplio, Anáplion e Anáplia. Na baixa Idade Média e na Era Moderna, sob dominação italiana, passou a ser conhecida como Napoli di Roménia, após o uso medieval de Romania para se referir às terras do Império Bizantino, e para distingui-la de Nápoles, na Itália. Também durante o período moderno, mas desta vez sob o domínio otomano, o nome turco da cidade passa a ser Mora Yenişehir, depois Morea, um nome medieval para o Peloponeso, e şehir Yeni, o termo turco para "nova cidade", aparentemente uma tradução do italiano Napoli.

– E, geograficamente, onde está localizada Nafplio? – perguntei curioso, pois via um Vasilis empolgado com a história da cidade.

– Nafplio está situada no Golfo de Argos, no nordeste do Peloponeso. A maior parte da cidade velha está em uma península que se projeta para o abismo. A área que circunda Nafplio foi habitada desde os tempos antigos, mas poucos sinais permanecem visíveis. A parte mais antiga, chamada Acronauplia, tem paredes que datam dos tempos pré-clássicos. Posteriormente, bizantinos, venezianos e turcos aumentaram suas fortificações. Nafplio foi tomada em 1212 pelos cruzados franceses do Principado de Acaia. Tornou-se parte do senhorio de Argos e Nauplia, que em 1388 foi vendido para a República de Veneza. A cidade se rendeu aos otomanos em 1540, que a renomearam para Mora Yenişehri. Os venezianos retomaram Nafplio em 1685 e fizeram dela a capital do seu "Reino dos Morea". Fortaleceram-na com o castelo de Palamidi, a última grande construção do Império Venetian no exterior. No entanto, apenas 80 soldados foram designados para defendê-la, e ela acabou sendo facilmente retomada pelos otomanos em 1715.

– É o castelo que vemos no alto?

– Sim. Durante a Guerra da Independência Grega, Nafplio foi um importante reduto otomano, tendo sido cercada por mais de um ano. Sua rendição só se deu por causa da fome. Após sua captura, devido a suas fortificações, tornou-se a sede do governo provisório da Grécia. Ioannis Kapodistrias, primeiro chefe de Estado da recém-libertada Grécia, pisou no continente grego pela primeira vez em Nafplio, a 7 de janeiro de 1828, e fez dela a capital oficial da Grécia, em 1829. Nafplio permaneceu a capital do reino até 1834, quando o rei Otto decidiu mudar a capital para Atenas.

– Então, a Grécia se tornou independente somente nesta data? – perguntei, pasmo com a informação.

– Sim, Willian. Infelizmente, ficamos sob o jugo de muitos povos, principalmente italianos e turcos, até 1832, quando nos tornamos independentes do Império Otomano, atual Turquia.

– Mas o que houve com os gregos clássicos, com a sabedoria dos atenienses, com a força dos espartanos?

– É muito triste, mas como disse um dos nossos grandes pensadores, Platão, "a necessidade é a mãe da invenção", para logo após ensinar que "a pobreza não vem da diminuição das riquezas, mas da multiplicação dos desejos".

– Como assim?

– O mesmo Platão falou que "a cidade pode crescer até o ponto em que conserva sua unidade, mas nunca além disso". Falou também que "a democracia é uma constituição agradável, anárquica e variada, distribuidora de igualdade indiferentemente a iguais e a desiguais".

– Mas os homens não são iguais – falei, perplexo.

– Sim, e é isso que move a humanidade. Mesmo a necessidade sendo a mãe da invenção, a busca pela realização dos desejos pode levar o homem à pobreza.

– Não seria o contrário?

– As pessoas que objetivam algo devem planejar muito bem o que querem, devem traçar com cuidado suas metas e a consecução das mesmas, para não se perderem pelo caminho. É preciso medir a capacidade individual de obter cada uma dessas metas. Como você falou, as pessoas não são iguais. Decorre daí que têm objetivos e metas distintas. No momento em que entram em desacordo, acaba a unidade, e assim termina a democracia.

– E como ficam os interesses gerais?

– Platão ensinou que a transição da democracia para a tirania é mais facilmente obtida por um líder popular que saiba explorar o antagonismo de classe entre ricos e pobres dentro do estado democrático e que consiga organizar um corpo de guarda ou exército privado. O povo que saudou este líder, a princípio como um campeão da liberdade, é logo escravizado; e a seguir deve lutar por ele uma guerra após outra, porque ele precisa fazer o povo sentir a necessidade de um general.

– E aí teremos a tirania.

– Sim, Willian, infelizmente. A forma contrária à democracia é a tirania.

– A democracia grega terminou por causa da tirania de algum governante?

– Não. Um dos motivos foi o crescimento das cidades gregas, chamadas de cidade-estado. O termo cidade-estado significa cidade independente, com governo próprio e autônomo. Eram comuns na antiguidade, principalmente na Grécia, como Tebas, Atenas e Esparta. Dessa forma, havendo um crescimento populacional, torna-se mais difícil governar. Assim, pode-se dizer que o que gera o fim de uma democracia é a manifestação e a imposição de correntes e interesses antagônicos que não conseguem conviver mutuamente, fazendo surgir dessa situação, na maioria das vezes, um líder que, posteriormente, se tornará um déspota, um tirano.

– Mas, no fundo, sempre por interesses próprios, não acha, Vasilis?

– Tenho que concordar , Willian.

– Isso me faz lembrar a história de um homem que tinha muitos filhos que viviam brigando. Não havia jeito de conviverem em paz naquela família. Um dia, o pai pegou um feixe de gravetos e pediu que cada um deles tentasse quebrá-lo. Todos tentaram e não conseguiram. Então, ele desfez o feixe e entregou um graveto a cada filho. Todos os filhos conseguiram quebrar seu graveto com facilidade. Dessa forma, o pai mostrou que, se eles permanecessem unidos, não haveria risco de serem vencidos, mas, isoladamente, não se sustentariam.

– Boa história, Willian. Por isso devemos estar sempre atentos para buscar a união. E até mais, buscar a complementariedade. Um exército, uma empresa ou uma associação são compostos por várias pessoas. Cada uma tem um dom no qual se destaca ou, ao menos, um perfil comportamental que se sobrepõe aos demais.

– Não podemos nos esquecer de falar dos perfis.

– Sim, Willian, falaremos, mas antes vou contar como era a sociedade ateniense no seu apogeu.

– Sou todo ouvidos.

– Cabe recordar que Platão foi discípulo de Sócrates e Aristóteles foi aluno de Platão.

– Sim, disso eu me lembro e, se não me falha a memória, Platão fundou uma escola, que chamou de Academia, e Aristóteles fundou outra, que chamou de Liceu.

– Exatamente. E o interessante é que Aristóteles, embora tenha sido mais aluno do que discípulo de Platão (seu melhor aluno, diga-se), após a morte do mestre, esperava herdar, como seu sucessor, a direção da Academia, mas foi impedido, por não ser cidadão ateniense. Então, aceitou o convite do rei da Macedônia, Filipe II, de ser o preceptor de seu filho Alexandre, que passou para a História como Alexandre Magno ou o Grande. Tendo este se tornado um dos maiores conquistadores de todos os tempos, os historiadores contam (mas nunca saberemos se de fato isto ocorreu) que Aristóteles pediu, como favor, que invadisse Atenas, para instalar sua escola, à qual chamou de Liceu. Portanto, apesar da sua grandeza, sabedoria e conhecimento, Aristóteles também se mostrou mundano ao desejar, por meio de uma invasão, satisfazer seus desejos.

– Sim, o ser humano é um animal desejante.

– Desculpe, foi apenas um parênteses na nossa conversa. Voltemos aos dons.

– E depois aos perfis.

– Sim, Willian. Estou testando sua ansiedade.

Novamente me recordei de Zhi. De fato, eu estava ficando ansioso porque Vasilis não chegava nunca à classificação dos perfis, e tinha quase certeza de que esse assunto seria importante para mim.

– Na época destes três grandes filósofos (Sócrates, Platão e Aristóteles), Atenas vivia um momento de pujança material e intelectual. Para os gregos daquele período, o mais importante era o homem descobrir seus dons e praticá-los. Por isso, Aristóteles cunhou: "Nós somos aquilo que fazemos repetidamente. Excelência, então, não é um modo de agir, mas um hábito". Assim, para que houvesse uma sociedade próspera e pacífica, cada membro da cidade-estado deveria exercitar seus dons. O escultor deveria esculpir; o arqueiro, atirar suas flechas; o construtor, construir; e assim por diante. Com a prática repetida, cada vez mais seriam excelentes e felizes.

– Parece-me uma ideia interessante.

– Sim. Cria-se uma *expertise*, e isso, nos dias atuais, tem muito valor. Não é por acaso que os melhores profissionais costumam ter os melhores salários.

– Mas é preciso ver se são felizes. Em Londres, há muita gente reclamando de seu trabalho.

– É verdade. Mas, se formos observar, as pessoas mais bem-sucedidas em suas profissões, pelo menos a mim, parecem felizes no que fazem. Creio que não há como ser bem-sucedido se não se gosta do que se faz.

– Lembrei-me agora de uma frase de Confúcio, dita por Zhi, nesse sentido: "Escolha fazer uma coisa que goste e você não trabalhará um dia sequer na vida". Ele costumava dizer que isso era lazer remunerado.

– Sim, Willian. Imagine você acordar todos os dias e ir trabalhar em algo que não lhe dê prazer. Em um primeiro momento, o salário e outras vantagens indiretas podem até permitir um bom rendimento, mas, com o passar do tempo, nem isso conseguirá manter a sua produtividade. O que, fatalmente, lhe levará a pedir demissão, ser demitido, ou, o que é ainda pior, permanecer no emprego não gostando do que faz, como tenho visto em algumas empresas públicas unicamente por causa da estabilidade.

– É a mais pura verdade.

– Uma pergunta que faço aos alunos que me questionam sobre o que fazer após o término da faculdade é o que eles fariam se não houvesse a necessidade de ganhar dinheiro. A cada resposta, muitas inusitadas, digo a eles para correrem atrás de suas vontades. Infelizmente, a maioria me responde que isso não dá dinheiro. Um, inclusive, me respondeu que gostaria de ser alpinista. Disse a ele que deveria se tornar o melhor alpinista do mundo. E acrescentei que sempre há milionários dispostos a pagar altas somas para atingir algum pico montanhoso, remunerando com pequenas fortunas o alpinista profissional que os acompanha.

– Conforme Aristóteles, busque a excelência através de atos repetidos, seja o melhor, que o mercado pagará o seu preço.

– Bravo! E o melhor de tudo: será muito bem pago para fazer algo que você gosta.

Capítulo 11

"O verdadeiro conhecimento vem de dentro." (Sócrates)

– E você, Willian? Está fazendo o que gosta?

Fiquei surpreso com a pergunta. Havia sete anos que Zhi me propusera pensar sobre a minha vida. À época, refleti e vi que poderia me tornar encarregado no escritório de advocacia em que trabalhava. Zhi me fez ver minhas habilidades, competências e pontos de melhoria, me ensinou técnicas de *coaching* para atingir minha meta. Em menos de um ano, tornei-me encarregado. Mas, naquele momento, pude ver que não tinha mais metas, que estava somente vivendo, passando os dias. Talvez por isso tenha me tornado irritado e ansioso nos últimos tempos.

– Sabe, Vasilis, estava pensando e pude ver que estou sem objetivos. Não tenho nenhuma meta nem a curto, nem a longo prazo.

– Hoje, por diversas vezes, falamos da necessidade de ter metas e como atingi-las. Devemos sempre ter metas, por mais ínfimas que sejam. Em sua profissão, o que você objetiva?

– Atualmente, o que poderia me dar prazer, vontade de crescer e trabalhar, seria me tornar sócio do escritório.

– E o que você precisa para conquistar isso?

– Não sei, acho que ainda não pensei a respeito.

– Falamos do oráculo de Delfos. Em Delfos, havia um templo dedicado ao deus Apolo. Em seu frontispício, lia-se: CONHECE-TE A TI MESMO. Conta a História que Sócrates, de tanto ouvir falar que era sábio, se dirigiu até o templo de Delfos. Chegando lá, perguntou a uma das sibilas, que eram as responsáveis pela leitura das profecias do oráculo, se ele era mesmo tão sábio como afirmavam em Atenas. A sibila, antes de responder, questionou Sócrates sobre o que ele pensava sobre isso. O filósofo, então, respondeu com a frase que imortalizou: "SÓ SEI QUE NADA SEI". Foi então que a sibila lhe disse: "Se você reconhece sua própria ignorância, isso demonstra que você é, de fato, um dos homens mais sábios da Grécia".

– Bárbaro, Vasilis! Devemos estar sempre abertos para aprender.

– Exato! Sócrates dizia que "existe apenas um bem, o saber, e apenas um mal, a ignorância", e Platão ensinava que "podemos facilmente perdoar uma criança que tem medo do escuro; a real tragédia da vida é quando os homens têm medo da luz".

– Como assim, medo da luz?

– Vou contar uma das passagens mais bonitas e esclarecedoras da história da Filosofia: a alegoria da caverna, de Platão.

– Acho que já ouvi, mas, por favor, conte-a.

– Imaginemos uma caverna separada do mundo externo por um muro alto. Entre o muro e o chão da caverna há uma fresta por onde passa um fino feixe de luz, que não é suficiente para iluminar toda a caverna. Desde o nascimento, geração após geração, seres humanos encontram-se ali, de costas para a entrada, acorrentados, sem poder virar a cabeça, nem locomover-se, forçados a olhar apenas a parede do fundo, vivendo sem nunca terem visto o mundo exterior nem a luz do sol, sem jamais terem efetivamente visto uns aos outros nem a si mesmos, mas apenas sombras dos outros e de si próprios, porque estão no escuro e imobilizados. Você consegue imaginar tudo isso?

– Sim, Vasilis. Estou acompanhando bem a descrição e imaginando a cena.

– Ótimo. Abaixo do muro, do lado de dentro da caverna, há um fogo que ilumina vagamente seu interior sombrio e faz com que as coisas que se passam do lado de fora sejam projetadas como sombras nas paredes do fundo da caverna. Do lado de fora, pessoas passam conversando e carregando nos ombros figuras ou imagens de homens, mulheres e animais, cujas sombras também são projetadas na parede da caverna.

– Quase como se fosse um cinema?

– Isso mesmo. A ideia é essa. Os prisioneiros julgam que as sombras das pessoas, os sons de suas falas e as imagens que transportam nos ombros são as próprias coisas externas, e que os artefatos projetados são seres vivos que se movem e falam. Os prisioneiros se comunicam, dando nome às coisas que julgam ver, sem vê-las realmente, pois estão no escuro, e imaginam que o que escutam, e que não sabem que são os sons vindos de fora, são as vozes das próprias sombras e não dos homens cujas imagens estão projetadas na parede. Também imaginam que os sons produzidos pelos artefatos que esses homens carregam nos ombros são as vozes de seres reais.

– Então, eles estão tomando as sombras por realidade?

– Sim. Tanto as sombras das coisas e dos homens exteriores como as sombras dos artefatos fabricados por eles. Essa confusão, porém, não tem como causa a natureza dos prisioneiros, e sim as condições adversas em que se encontram. Que aconteceria se fossem libertados dessa condição de miséria?

– Haveria grande confusão na cabeça dos libertos.

– Um dos prisioneiros, porém, inconformado com a condição em que se encontra, fabrica um instrumento com o qual quebra os grilhões que o mantêm cativo. Liberto, primeiro move a cabeça, depois o corpo todo. A seguir, avança em direção ao muro e o escala.

Enfrentando os obstáculos de um caminho íngreme e difícil, sai da caverna.

– Finalmente, uma vida melhor.

– É o que imaginamos. No primeiro instante, fica totalmente cego pela luminosidade do sol, com a qual seus olhos não estão acostumados. Enche-se de dor por causa dos movimentos que seu corpo realiza pela primeira vez e pelo ofuscamento de seus olhos sob a luz externa. Sente-se dividido entre a incredulidade e o deslumbramento. Incredulidade porque será obrigado a decidir onde se encontra a realidade: no que vê agora ou nas sombras em que sempre viveu. Deslumbramento porque seus olhos não conseguem ver com nitidez as coisas iluminadas.

– Não resta dúvida de que isso ocorre com frequência a muitas pessoas.

– Seu primeiro impulso é o de retornar à caverna, para se livrar da dor e do espanto. Atraído pela escuridão, a caverna lhe parece mais acolhedora agora. Além disso, ele precisa aprender a ver, e esse aprendizado é doloroso, fazendo-o desejar a caverna, onde tudo lhe é familiar e conhecido.

– Apesar de não ter qualquer conforto na caverna, ela é o que podemos chamar de "zona de conforto": não buscar mudanças, pois elas dão trabalho.

– Exatamente. Quantas pessoas passam a vida inteira reclamando do que fazem, mas não se mobilizam para mudar suas vidas?

– Voltemos ao mito, Vasilis.

– Pois não, Willian. Pelo jeito, você está interessado.

– Sim, estou me identificando um pouco.

– Sentindo-se sem disposição para regressar à caverna, por causa da dificuldade do caminho, o prisioneiro permanece no exterior. Aos poucos, habitua-se à luz e começa a ver o mundo. Encanta-se com o que vê. Tem a felicidade de finalmente ver as coisas como elas são, descobrindo que estivera prisioneiro a vida toda e que, em sua prisão, vira apenas sombras. Doravante, desejará ficar longe da caverna para sempre e lutará com todas as suas forças para jamais regressar a ela. No entanto, não pode evitar de lastimar a sorte dos outros prisioneiros e, por fim, toma a difícil decisão de regressar ao subterrâneo sombrio para contar aos demais o que viu e convencê-los a se libertarem também.

– E o que lhe acontece nesse retorno?

– Os demais prisioneiros zombam dele, não acreditando em suas palavras, e não conseguindo silenciá-lo com caçoadas, tentam fazê-lo espancando-o. Podem, até mesmo, matá-lo, se não parar com suas "sandices". Mas, ainda assim, pensa ele, quem sabe alguém lhe dê ouvidos e, mesmo contra a vontade dos demais, também decida sair da caverna, rumo à realidade?

– Muito interessante. Agora, vamos às interpretações. O que seria a caverna, Vasilis?

– A caverna representa o mundo das aparências em que vivemos.

– E as sombras projetadas?

– As coisas como percebemos.

– Os grilhões e as correntes têm algum significado?

– Sim. Nossos preconceitos e opiniões, nossa crença de que o que estamos percebendo é a realidade.

– E a luz do sol?

– Esta representa a verdade.

– E o que é o mundo iluminado pelo sol da verdade?

– Simples. A realidade.

– E qual o instrumento que liberta o prisioneiro rebelde?

– A reflexão. Após decidir que não está conforme àquela realidade, ele busca outro caminho para seguir sua vida. Daí a necessidade de se autoconhecer, pela reflexão, e depois descobrir aquilo que lhe dá satisfação, traçar as metas para atingi-lo. Este é o convite que lhe faço, Willian. Autoconhecer-se pela reflexão e, examinando sua vida, ver o que pode ser mudado, iniciando pelo seu trabalho. Mas já é tarde e amanhã teremos mais coisas para fazer e novos caminhos a trilhar.

Levantamos e paguei a conta. Àquela altura, a praça estava completamente vazia.

Capítulo 12

"Não espere por uma crise para descobrir o que é importante em sua vida." (Platão)

Foi uma noite movimentada. Alternei momentos de sono profundo, inclusive com sonhos enigmáticos, e momentos de insônia. Nos momentos em que estive acordado, pensei muito. Decidi que me prepararia para me tornar sócio do escritório.

Levantei da cama excitado. A ideia começava a me deixar inquieto.

Inicialmente, pensei como seria se me tornasse sócio. Após, passei a examinar se tinha condições de me tornar sócio. Pouco importava. O que me deixava feliz é que tinha uma nova meta. Tinha um motivo para viver. E essa sensação é maravilhosa.

Amanheceu. Desci para o café do hotel. Vasilis ainda não havia aparecido. Minha cabeça dava voltas e nada me apetecia. Peguei uma romã e saí para passear pelo jardim ao redor do hotel.

– Bom dia, Willian!

– Bom dia, Vasilis!

– Estava peripatetiando?

– Como assim?

– É que faz mais de quarenta minutos que o observo dando voltas no campo e falando consigo em voz baixa. Aristóteles, no Liceu, dava voltas caminhando, conversando e filosofando com seus alunos. A essa prática foi dado o nome de peripatetiar. Por isso, não se ofenda, pois já ouvi muitas pessoas acharem que estavam sendo chamadas de patetas.

Senti o tom de brincadeira em suas palavras. Acabamos rindo juntos e concordando que soava como algo jocoso.

– Como foi a noite, Willian?

– Foi ótima, apesar de ter dormido pouco.

– Pelo que me diz, deve ter refletido bastante!

– Sim, Vasilis, mas o que me deixou assim, meio desligado da realidade, é que descobri uma meta. Um objetivo.

– Quer compartilhar isso?

– Claro. Vou me preparar para me tornar sócio do escritório de advocacia onde trabalho.

– Ótimo! Devemos ter um motivo, uma meta que nos "sacuda", um sentido para a vida. E como você vai se preparar para isso?

– Toda a nossa conversa de ontem, desde a construção do canal de Corinto, quando vimos que, apesar da boa intenção de Nero, este não havia feito um planejamento, o mesmo tendo ocorrido com os franceses no Panamá, que não esperavam as doenças tropicais, mais a preparação de Hércules para enfrentar o leão, as diversas tomadas e retomadas da cidade de Nafplio e outros ensinamentos, tudo isso tornou claro para mim que preciso traçar planos para atingir meu objetivo.

– Ótimo, Willian! Sêneca, o filósofo romano, que inclusive foi preceptor de Nero, dizia que "não existe vento favorável para o marinheiro que não sabe aonde quer ir".

– Opa! Essa frase é do meu conterrâneo Charles Lutwidge Dodgson, mais conhecido por seu pseudônimo Lewis Carrol.

– "Para quem não sabe aonde quer ir, então qualquer caminho serve". Sim, Willian. Muito parecida. Essa frase foi dita pelo gato em *Alice no País das Maravilhas*. Lembrando que seu conterrâneo Lewis Carrol nasceu em 1832 e faleceu em 1898, enquanto Sêneca faleceu no ano 65 d.C. Portanto, Lewis Carrol pode ter lido Sêneca, mas Sêneca não tem como ter lido Lewis Carrol.

– Bom, o importante é o conteúdo e o ensinamento, e não necessariamente o autor.

– Sócrates dizia que "a verdade não está com os homens, mas entre os homens". Talvez os dois tenham chegado à mesma conclusão, o que é uma verdade incontestável.

– Pelo menos, agora sei o que quero.

– Então, podemos fazer sua avaliação de perfil.

– Já tinha até me esquecido!

– Vamos fazer nosso desjejum primeiro. Depois, faço o teste no meu computador.

Após nosso café da manhã, Vasilis abriu seu computador e me apresentou o teste em um *site*. Inicialmente, achei-o muito simples, mas como havia feito um parecido na empresa, respondi em poucos minutos.

Vasilis me informou que essa avaliação tinha alta confiabilidade, partindo de vários cruzamentos de respostas informadas.

Continuava um pouco cético, até ele começar a ler o resultado. Eram três páginas apresentadas como respostas.

Iniciou dizendo que o perfil que mais se destacava em mim era o de executor, e logo em seguida vinha o de comunicador. Não entendendo quase nada, pedi para que ele fosse mais específico.

– Ontem, em Epidauro, falamos que Hipócrates criou a doutrina dos quatro humores – sangue, fleuma ou pituita, bílis amarela e bílis negra – para melhor entender o funcionamento do corpo humano, incluindo a personalidade. Caso houvesse desequilíbrio de um desses humores, haveria dor e enfermidades.

– Sim, eu me lembro. E mais adiante, após novos estudos e adaptações, teríamos os quatro tipos de perfis.

– Exato. Então, nesta avaliação que utilizo, os quatro "humores" de Hipócrates se transformaram em Analista, Executor, Planejador e Comunicador.

– Se entendi, possuímos os quatro perfis, mas, normalmente, um deles se destaca mais.

– Exatamente. Então, como ensinou Hipócrates, para que não haja "dor e enfermidades", devemos buscar o equilíbrio.

– Não concordo, Vasilis. Por exemplo, se eu sou um grande comunicador, por que não me tornar cada vez mais um melhor comunicador? Não seria a tese defendida pelos gregos antigos?

– Vamos por partes. Isso seria quanto ao exercício da sua atividade profissional. De fato, quanto melhor você for no seu trabalho, e fazendo o que gosta, a tendência é se tornar um excelente profissional. Para uma empresa também. Quanto melhor for um advogado que, com conhecimento, detenha uma ótima oratória, será ele o mais competente para defesas e sustentações orais perante os tribunais. No entanto, estamos falando de um ser humano. Uma única pessoa, no seu cotidiano.

– Qual a diferença?

– A diferença é que em um único ser habitam esses quatro perfis. Em uma empresa, pode ser feita a contratação dos melhores dentro de cada área. Então, pode-se contratar um grande executor para cumprir as tarefas do escritório, normalmente aquelas que exigem ser feitas de forma rápida.

– Por isso a importância do equilíbrio!

– Sim. Não adianta, por exemplo, ser um grande executor, se não há planejamento. E isso é muito comum. Então, a pessoa recebe as tarefas e sai fazendo de qualquer forma. Muitas vezes, dá certo; outras vezes, deve refazê-las. O que custa tempo e, muitas vezes, dinheiro. Porém, esse equilíbrio deve ser utilizado em todos os momentos do seu dia, e não apenas no trabalho.

– Entendi. E qual foi o resultado completo do meu teste?

– Executor, 37%. Comunicador, 29%. Analista, 20%. Planejador, 14%.

– E isso não é bom?

– Se são quatro perfis, quanto mais próximo dos 25% cada um deles, mais equilibrado será.

– O baixo planejador explica o motivo pelo qual eu estava sem um sentido na vida.

– Isso mesmo, Willian! Estamos no caminho certo.

Capítulo 13

*"O ignorante afirma, o sábio duvida,
o sensato reflete."* (Aristóteles)

Naquele momento, meu comunicador se soltou. Queria saber tudo.

– Vasilis, pelo amor de Zeus, me diga como devo fazer. Eu sei que você pode me ajudar.

– Está bem. Primeiro passo: aprenda a lidar com a ansiedade. Ela é um dos piores inimigos do ser humano.

– Explique, por favor.

– É exatamente essa ansiedade que não permite que você tome decisões acertadas. Quantas vezes você tomou decisões precipitadas?

– Acho que várias vezes.

– Pois é. Vou lhe contar uma pequena história que ocorreu aqui na Grécia há muitos anos.

— Aprendi muito com as histórias de Zhi. Conte-a, por favor.

— Havia um lenhador que se levantava todas as manhãs bem cedo para cortar lenha e vendê-las para garantir o seu sustento e o de um filho pequeno de poucos meses que, ao nascer, perdeu a mãe no parto. Junto com eles, vivia uma raposa que o lenhador havia encontrado ainda filhote, e que era seu animal de estimação. Diante da necessidade, o lenhador todos os dias saía de casa e deixava a raposa cuidando do bebê.

— Mas que loucura! A raposa poderia comer o bebê.

— Pois bem, era exatamente isso que os conhecidos do lenhador falavam: que assim que a raposa sentisse fome, iria devorar a criança. O lenhador retrucava, dizendo que era bobagem, pois a raposa era amiga, sempre fazia festa quando ele retornava e jamais faria isso. Certo dia, o lenhador chegou em casa e foi recebido, como sempre, pela raposa de forma muito alegre. Porém, desta vez, ela estava com a boca cheia de sangue. O lenhador, então, sem pensar duas vezes, desferiu uma machadada na cabeça da raposa, matando-a na hora.

— Eu falei que este lenhador era inconsequente.

— Calma... O lenhador entrou correndo no quarto do filho e lá estava ele, dormindo como um anjinho. No entanto, ao lado da cama, encontrou uma cobra morta toda ensanguentada.

— Puxa! Esta foi forte.

– E é apenas um exemplo de julgamento baseado em decisões precipitadas. Por isso, insisto em que é somente com a consciência tranquila e vendo todas as possibilidades que estaremos aptos a tomar decisões acertadas.

Eu não sabia o que dizer. Fiquei em silêncio por um longo período, até que Vasilis perguntou:

– Como você é como líder?

Fiquei mais paralisado ainda. Tudo de novo. Todas as perguntas que Zhi havia me feito se repetiriam?

– Já fui muito mais duro. Era mandão, enérgico, tomava as decisões de forma rápida e...

– Sei. Como um ditador.

Sim, tudo de novo. Mas, desta vez, adiantei-me:

– Desculpe, Vasilis, mas como eu dizia, isso foi antes. Nesses últimos anos, em que me preparei e me tornei encarregado, tenho certeza de que mudei. Entendo estar muito melhor.

– "Quem se dispõe a tornar-se um bom chefe, deve primeiro ter servido a um chefe". "Aquele que nunca aprendeu a obedecer, não pode ser um bom comandante".

– Não entendi – falei, sem sequer pensar no que havia dito.

– Essas frases são de Aristóteles. Muitos têm dificuldade de se colocar na situação do outro. Aqueles que nunca foram empregados muitas vezes têm dificuldade de entender a posição de seus subordinados. Assim, passam a fazer cobranças além das possíveis de serem executadas, seja pelo estado físico ou pelo estado mental de seus colaboradores.

– Concordo. Há alguns anos, me incomodava muito a forma como as pessoas atendiam em um determinado café que eu frequentava em Londres, até que um dia parei para analisar as condições em que elas trabalhavam. Por diversas vezes, me incomodei com a demora na entrega de um simples cafezinho. Quando me questionei o porquê da demora, constatei que havia uma única máquina de café. Em momento algum havia me passado pela cabeça que a demora não ocorria pela boa ou má vontade do atendente, mas sim por uma falha no processo. E esta não era culpa do atendente, mas do pequeno número de máquinas diante de um volume muito maior de pedidos.

– E, a partir daí, algo mudou?

– Sim. Fiquei menos impulsivo e comecei a analisar mais os motivos que acarretavam os problemas. Interessante, só agora estou me dando conta. Foi logo depois disso que passei na seleção para o cargo de encarregado.

– "A grandeza não consiste em receber honras, mas em merecê-las". Outra vez, Aristóteles. Mas dizia que se sentia um líder melhor...

– Sim. Como você sabe, tive o Zhi como *coach*. Na verdade, ele estava muito mais para um mentor. Ele me ensinou muita coisa, e grande parte de seus ensinamentos foi sobre como liderar. Eu era totalmente ignorante sobre liderança.

– "O início da sabedoria é a admissão da própria ignorância. Todo o meu saber consiste em saber que nada sei".

– Aristóteles de novo?

– Não, Sócrates.

– Sim. Delfos. O templo de Apolo. Conhece-te a ti mesmo.

– Ótimo, Willian. Pode ter certeza de que esta é a base de tudo. Nessa avaliação que fizemos, fica demonstrado o quanto você se importa com o que as pessoas pensam sobre a sua pessoa.

– Devo admitir que sim, mas acho que é normal, não? Todos se importam com o que os outros pensam a seu respeito.

– Esse pensamento está mais para uma crença do que para a realidade, pode ter certeza disso.

– Como assim?

– Sinto em dizer, mas esse pensamento está ligado a pessoas inseguras. Quanto mais segurança você tiver sobre quem você é, do quanto você é capaz, de todas as suas habilidades, menos você se importará com o que os outros estão pensando a seu respeito.

– Mas eu vivo em sociedade.

– Sim. Mas jamais permita que alguém diga o que você deve fazer. Por isso, voltamos à reflexão, à análise, ao planejamento.

– Concordo – falei, mais querendo mudar o rumo da conversa do que propriamente retornar ao resultado da avaliação.

– Vejamos as características de um analista quanto às suas emoções. Você gosta de artes. Sua natureza é rica e sensível. Tem capacidade analítica. Reage fortemente à emoção. É um pensador profundo, dado à reflexão.

– Neste aspecto, não me identifiquei muito.

– Seguimos quanto aos relacionamentos. É amigo confiável. Cauteloso para escolher os amigos. Tem profunda afeição por estes.

– Piorou. Não tenho amigos. Somente a Sarah, que é minha esposa.

– Bom, passemos ao que diz respeito às atividades. É perfeccionista. Tem autodisciplina, pois sempre leva a cabo o que começa. Tem pendor para trabalhos intelectuais e criativos. É bem dotado intelectualmente. Conhece as próprias limitações.

– Agora sim, me encontrei.

– Com todas essas características? – perguntou um Vasilis intrigado.

– Não, somente com ter autodisciplina e conhecer minhas limitações.

– Certo. Passemos ao planejador com suas emoções. Calmo e digno de toda confiança. Boa índole e de fácil convivência. Alegre e agradável, apesar de nunca ter muita coisa a dizer. Bom coração. Pacifista. Tem muito senso de justiça própria.

Um coach grego

– Não sou eu.

– Quanto aos relacionamentos: é de agradável convivência. Tem muitos amigos. Tem senso de humor. Exerce influência conciliatória sobre os outros. Constante e fiel. Diplomata e pacifista. Bom ouvinte. Amigo fiel. Dá conselho somente quando solicitado.

– Cada vez pior. Não pode ser diferente?

– Calma. No que diz respeito às atividades: trabalha bem, mesmo sob grande tensão. Acha os meios mais práticos e fáceis de fazer as coisas. É conservador. Eficiente e caprichoso. Planeja o trabalho antes de executá-lo. Tem influência estabilizadora. Seu trabalho é digno de confiança.

– Estou vendo que vou ter que aprender muito.

Capítulo 14

"As pessoas boas não precisam de leis para obrigá-las a agir de maneira responsável, enquanto as pessoas ruins encontrarão um modo de contornar as leis." (Platão)

– "Vencer a si próprio é a maior das vitórias".
– Bela frase. Deve ser de Sócrates!
– Não, é de Platão. Se não devemos nos preocupar com o que os outros pensam, somente com aquilo que entendemos ser o melhor para nós, qual é a solução?
– Nem imagino.
– Desculpe-me, mas novamente você falou sem pensar.
– Hum... conhecermo-nos?
– Perfeito! Então, fica claro que o nosso maior inimigo somos nós mesmos. Voltemos a falar de nossos desejos, sonhos e crenças.
– Sim. Sonho em me tornar sócio do escritório onde trabalho. Mas tenho algumas crenças que me dizem que não sou capaz.

– Bom... Vimos que seu sonho, neste caso, deve vir a ser a sua meta. Vamos construir a forma de atingi-lo. Sabidamente, nossas crenças muitas vezes nos impedem de alcançar uma meta ou fazem com que demoremos mais para atingi-la.

– Zhi me ensinou muitas técnicas para superar essas crenças.

– Então, o que te impede, Willian?

– O fato de eu não ser um bom analista, um bom planejador e ter algumas dificuldades em delegar e confiar nas pessoas.

– Ótimo! Se você já consegue ver seus defeitos, temos meio caminho andado. Mas o mais importante é ter as metas claras. E dentro de uma meta maior, que poderíamos chamar de objetivo final, teremos que fazer um plano. E, nesse plano, teremos vários objetivos intermediários a atingir, antes de chegarmos ao objetivo final.

– Você poderia ser mais sucinto?

– Claro. No seu caso, temos o objetivo final, que é ser sócio do escritório. No entanto, eu gostaria de saber como você atingirá esse objetivo. Quais são os seus planos? Quais estratégias adotará para atingir cada etapa? Ou ainda nem sequer pensou nas etapas?

– Por isso estou pedindo sua ajuda, Vasilis.

– Agradeço a confiança em trabalharmos juntos. Inicialmente, diante do resultado da avaliação, vamos traçar uma estratégia para melhorar seus perfis analista e

Um coach grego

planejador, buscando equilibrar os quatro perfis. Depois, vamos trabalhar a sua liderança.

– Agradeço muitíssimo se puder me mudar para alcançar minha meta.

– Mais uma vez, com todo o respeito, devo corrigi-lo. Eu não tenho o poder de mudar você. Mas vou mostrar alternativas para melhorar a sua performance. O único que pode mudar você é você mesmo.

– Está bem. Prometo me comprometer.

– Devo lembrar, também, que apresentarei alguns caminhos que deverão ser trilhados por você; caminhos que, muitas vezes, além de dolorosos, serão demorados. Então, se você realmente deseja atingir sua meta, não desista ao tropeçar na primeira pedra. Inclusive, Sócrates ensinou: "transforme as pedras em que você tropeça nas pedras de sua escada".

– Por favor, não me deixe mais ansioso!

– Muito bem. As metas devem ser claras. Na cidade de Olímpia, onde estaremos daqui a dois dias, havia um destacado atleta que praticava salto com vara. A cada série de dez saltos, em média, ele ultrapassava o bastão oito vezes. Certo dia, um sábio propôs que ele fizesse a mesma série de saltos, porém sem o bastão que marcava a altura. Realizados os saltos, ele surpreendeu a todos dizendo que não via sentido algum naquilo. Todavia, desconhecia o fato de que o sábio havia mandado esticar, a cada salto, um fino e imperceptível fio, que constataram ter sido rompido seis vezes. Ou seja, dos dez saltos que havia dado, somente quatro teriam superado o bastão.

– Não entendi.

– Como não havia o bastão, ou seja, uma meta clara a cumprir, mesmo que ele se esforçasse para fazer um bom salto, não fazia o suficiente para atingir o objetivo. Isso demonstra a importância de termos cada meta descrita, planejada e analisada.

– Mas como me tornar um bom planejador?

– Para executores e comunicadores, de fato, se torna uma tarefa árdua. Mas como não vamos tropeçar na primeira pedra, tenho algumas sugestões.

– Pode falar, sou todo ouvidos.

– Não. Você vai anotar tudo o que eu disser.

Não me senti muito confortável pela maneira como Vasilis falou, mas logo em seguida ele próprio me mostrou a importância daquilo.

– Para nos tornarmos um bom planejador, além de sabermos a meta ou objetivo final, devemos ter com clareza as metas secundárias. Para isso, devemos expô-las em um papel ou no computador, para visualizá-las melhor.

– Eu tenho uma boa memória – gabei-me.

– Muitas vezes, a memória nos trai. Queremos lembrar e não conseguimos. Vamos fazer uma pequena pausa para outra alegoria de Platão. Estando Sócrates e Platão reunidos com outros filósofos, em determinado momento criou-se a seguinte dúvida: as ideias que temos são inatas, isto é, já nascemos com elas, ou são frutos das experiências que passamos a ter durante a vida? N'A República, Platão esboça a teoria da reminiscência. Aduz ele que nascemos com a razão e as ideias verdadeiras, e que a Filosofia nada mais faz do que nos relembrar dessas ideias. Platão é um grande escritor e usa um procedimento literário que ajuda a expor seus pensamentos. Esse procedimento chama-se alegoria ou mito.

– Assim como a alegoria da caverna?

– Muito bem lembrado. Para explicar a teoria da reminiscência, Platão narra o mito de Er. O pastor Er, da região da Panfília, morreu e foi levado para o Reino dos Mortos. Lá chegando, encontra as almas dos heróis gregos, dos governantes, de artistas, de seus antepassados e de amigos. Lá, as almas contemplam a verdade e têm o conhecimento verdadeiro. Er fica sabendo que todas as almas renascem em outras vidas para se purificarem de seus erros passados até que não precisem mais voltar à Terra, permanecendo na eternidade. Antes de voltar ao nosso mundo, as almas poderão escolher as vidas que terão. Algumas escolhem a vida de rei, outras a de guerreiro, ou de comerciante rico, artista, sábio...

– Seria como a reencarnação da doutrina Espírita?

– Talvez. No caminho de retorno à Terra, as almas atravessam uma enorme planície, por onde corre um rio, o Lethé, que em grego significa "esquecimento", e bebem de suas águas. As que bebem muito esquecem toda a verdade que contemplaram, ao contrário das que bebem pouco. As que escolhem a vida de rei, guerreiro ou comerciante rico são as que mais bebem das águas do esquecimento; as que escolhem a vida de sábio são as que menos bebem. Assim, as primeiras dificilmente, talvez nunca, se lembrarão, na nova vida, da verdade que conheceram, enquanto as outras serão capazes de lembrar e ter sabedoria usando a razão.

– Puxa! Nunca havido pensado nessa possibilidade.

– Conhecer, diz Platão, é recordar a verdade que já existe em nós; é despertar a razão para que ela se exerça por si mesma. Por isso, Sócrates fazia perguntas, pois através delas as pessoas poderiam lembrar-se da verdade e do uso da razão. Se não nascêssemos com a verdade e com a razão, indaga Platão, como saberíamos que temos uma ideia verdadeira ao encontrá-la? Como poderíamos distinguir o verdadeiro do falso, se não nascêssemos conhecendo essa diferença?

– Concordo. Além de não poder usar a memória, somente com o uso da reflexão é que vou conseguir visualizar as metas e os caminhos, ver seus defeitos, as possíveis armadilhas e as correções de rumo que forem necessárias.

– Para isso, sugiro que comece logo e siga no percurso da viagem. Devemos partir agora, para chegarmos a Esparta.

– Mais uma hora e estarei pronto.

Capítulo 15

*"Apenas os mortos
verão o fim da guerra." (Platão)*

A distância que separa Napflio de Esparta é curta. Em pouco tempo já nos encontrávamos nas terras de Leônidas. Quanto mais o vento batia em meu rosto, mais confusas ficavam minhas ideias. A verdade é que a cabeça quase girava sobre o tronco, tamanho o turbilhão em que me encontrava.

– Vamos direto para o hotel e depois visitaremos o sítio arqueológico. Soube que fizeram novas descobertas – gritou um Vasilis entusiasmado.

A cidade era bem organizada. Fotos e estátuas por todos os lados não permitiam que se esquecesse o grande general espartano Leônidas. Rapidamente fizemos o registro no hotel e nos dirigimos para o sítio arqueológico.

– Olha, Willian. Daqui de cima dá para ver toda a cidade.

– Sim, Vasilis. Muito bonita, mas, me desculpe, não consigo pensar em outra coisa que não seja meu objetivo.

– Willian, a natureza é sábia. Ela nos ensina que há tempo para tudo. Vejamos estas oliveiras.

– Pude perceber, pela grossura do tronco, que devem ser seculares.

– São muito antigas. Se repararmos bem, ainda estão produzindo frutos. Mas, como dizia, há tempo para tudo. Agora estão produzindo frutos. Logo em seguida, suas folhas cairão. Por um período, a árvore ficará dormindo, pensando e ganhando força. Na primavera, suas folhas crescerão e, novamente, dará frutos e sombra. E assim já ocorreu por vários anos.

– Entendi. Devemos respeitar os tempos. Não sermos ansiosos nem impulsivos.

– Principalmente porque deverá mostrar sua capacidade de assumir um cargo de liderança.

– Vasilis, por que Leônidas é tão adorado em Esparta?

– Esparta sempre caracterizou-se por ser uma cidade de guerreiros. Desde o nascimento até a morte, o espartano pertencia ao Estado. Os recém-nascidos eram examinados por um conselho de anciãos, que ordenava eliminar os que fossem portadores de deficiência física ou mental ou não fossem suficientemente robustos. As crianças espartanas eram espancadas pelos pais para se tornarem mais fortes, e se não fossem, morreriam. A partir dos sete anos, os pais não mais comandavam a educação dos filhos. As crianças eram entregues à orientação do Estado, que tinha professores especializados para esse fim. Os jovens viviam em pequenos grupos, levando vidas muito austeras; realizavam exercícios de treino com armas e aprendiam a tática de formação. Em vez de usar calçados, as crianças eram obrigadas a andar descalças, a fim de aumentar a resistência dos pés. Usavam um só tipo de roupa o ano inteiro, para que aprendessem a suportar as oscilações do frio e do calor. Sua alimentação era bem controlada. Se algum jovem sentisse fome em demasia, era permitido e até estimulado que furtasse para conseguir alimentos. Castigavam-se com chibatadas, entretanto, aqueles que fossem apanhados roubando – não por terem roubado, mas por terem sido apanhados –, pois acreditava-se que era bom para a formação aprender a lutar contra a fome e ser esperto. Na adolescência, os jovens eram encarregados dos serviços de segurança na cidade. Qualquer cidadão adulto podia vigiá-los e puni-los. O respeito pelos mais velhos era regra básica. Às refeições, por exemplo, os jovens deviam ficar calados, só respondendo de forma breve às perguntas que lhes fossem feitas pelos adultos. Com sete anos, o jovem espartano entrava no exército, mas só aos trinta adquiria plenos direitos políticos, podendo, então, participar da Assembleia do Povo ou dos Cidadãos. Depois de concluído o período de formação educativa, os cidadãos de Esparta, entre os vinte e os sessenta anos, estavam obrigados a participar na guerra. Continuavam a viver em grupos e deviam tomar uma refeição diária.

– Que horror!

– Essa era a cultura que serviu para Esparta. Tanto que foi a grande adversária de Atenas, tendo, inclusive, vencido a batalha do Peloponeso.

– Mas a forma era cruel.

– Sim, Willian, concordo e abomino para os padrões de hoje. Mas, se formos analisar pelo planejamento, temos um bom exemplo.

– Como assim?

– A cidade de Esparta era formadora de guerreiros. Foi dessa forma que conseguiu seu poderio. Um guerreiro deve passar por diversas condições adversas para se tornar forte. Este era o pensamento da época. Logo, se conseguiram, o plano dos espartanos foi exitoso.

– Sim, mas dessa forma teremos comandantes e não líderes.

– Sócrates afirmava que "sob a direção de um forte general, não haverá jamais soldados fracos".

– E este general foi Leônidas?

– Sim. Uma de suas ações mais importantes se deu por ocasião da invasão da Grécia pelos persas, em 481 a.C. Defendendo o desfiladeiro das Termópilas, que une a Tessália à Beócia, Leônidas e uma tropa de apenas sete mil homens, sendo que apenas 300 eram espartanos, conseguiram repelir os ataques iniciais. Mas Xerxes I, rei da Pérsia, foi auxiliado por Efialtes, um pastor local, que o conduziu por um caminho que contornava o desfiladeiro, e pôde cercar o exército de Leônidas. Restavam apenas 300 espartanos e pouco mais de mil soldados tespienses e tebanos, que decidiram resistir até a morte. Segundo um escritor da época, Pausânias, Xerxes ameaçou a insignificante defesa grega dizendo: "Minhas flechas serão tão numerosas que obscurecerão a luz do Sol", ao que Leônidas respondeu: "Tanto melhor, combateremos à sombra!". Leônidas sabia da traição de Efialtes. Manteve os espartanos, que durante três dias mataram vinte mil persas, e dispensou o restante do exército. Para aqueles que ficaram, disse: "Almocem comigo aqui, e jantem no inferno". Leônidas sabia que sua morte era certa, mas resolveu ficar e morrer lutando. Por dois motivos: o primeiro é que nenhum espartano foge à luta e retorna para casa. Conforme sua filosofia, ou voltam vitoriosos ou mortos em cima de seus escudos. Em segundo lugar, se ele fugisse, o restante da Grécia também fugiria. No final, já cercado por seus inimigos, recebe uma ordem de Xerxes: "Deponham suas armas e se entreguem".

– "Venham pegá-las", respondeu Leônidas – falei, lembrando um filme a que havia assistido.

– Isso mesmo, Willian! Viste o filme, pelo jeito. Essas são as últimas palavras do rei espartano. Atacados por todos os lados, foram massacrados sem piedade. A cabeça de Leônidas foi cortada e empalada e seu corpo, crucificado. Os persas esperaram, durante dois meses, o inverno passar, para continuar a guerra. Quando resolveram voltar, os espartanos restantes formaram o corpo principal do exército grego. Havia três persas para cada grego, e no final da guerra os persas foram derrotados e expulsos da Grécia.

– Agora passo a entender o motivo de tanta admiração. Gostei da história. Ser seguido até a morte por um objetivo é a maior prova de um bom líder. Mas continuo preocupado com os caminhos para me tornar um melhor planejador e analista.

Capítulo 16

*"Para um homem bom
não é possível que ocorra nenhum mal,
nem em vida nem em morte." (Sócrates)*

— Não se preocupe, Willian. Vamos falar sobre o perfil do planejador e do analista. Vimos, pela manhã, os pontos positivos desses dois perfis. Se você não tem muitos dos pontos positivos, vamos pelo menos trabalhar para que os pontos negativos de cada um deles não prejudiquem o seu desempenho.

— Poderia explicar melhor?

— Os pontos negativos devem ser trabalhados tanto nas emoções como nos relacionamentos, e também nas atividades.

— Pode ser por pontos?

— Sim. Primeiro falaremos do planejador, de suas emoções. Em muitos casos, falta-lhe autoconfiança.

– Concordo. Eu mesmo já deixei de realizar muitas coisas por falta de confiança.

– É pessimista, também?

– Confesso que muitas vezes já fui.

– Coragem. Aristóteles costumava dizer que a coragem é a primeira das qualidades humanas, porque garante todas as outras.

– Pensei nisso muitas vezes, mas sempre tinha alguém me dizendo que não daria certo.

– Caro Willian, ninguém pode dizer para você o que deve ou não fazer. Não podemos ficar ouvindo os outros. Principalmente se forem pessimistas.

– Mas é difícil.

– Não resta dúvida. Lembrei-me agora de uma boa história que ocorreu aqui em Esparta.

– Podemos sentar um pouco?

– Claro. Como disse há pouco, as crianças eram minuciosamente examinadas em Esparta, e se fosse diagnosticado algum defeito físico, eram jogadas do cume do monte Taigeto. Se fossem consideradas saudáveis, poderiam viver com a mãe até completarem sete anos, quando então eram entregues ao Estado para serem preparadas. Ocorre que um menino, considerado saudável no momento do parto, foi, mais tarde, diagnosticado surdo. Com medo de que fosse morto, sua mãe o escondeu até os sete anos. Sabendo da existência da criança, os responsáveis foram buscá-lo. A mãe, sabedora do destino que seria dado ao filho, o preparou por esses setes anos para que vivesse no mato ou fosse embora à sua própria sorte.

— Ele iria morar sozinho no mato? — perguntei, estupefato.

— Willian, não havia outra alternativa. Ocorre que, decorridos muitos anos, próximo ao monte Taigeto, passava a comitiva real, e o cavalo que levava o pequeno filho do rei empinou e a criança caiu, rolando por grande parte do monte e indo parar desacordada em uma pequena formação de pedra. O rei, desesperado, determinou que seus melhores homens fossem buscar seu filho. Logo no início, dois guardas tropeçaram e, caindo monte abaixo, encontraram a morte. Outros três, mais adiante, tiveram o mesmo fim. O local era inacessível. Os outros guardas, temerosos, diziam que seria impossível o resgate. O rei sabia do destino do filho, mas insistia para que o buscassem. Neste momento, da parte de baixo do temível monte Taigeto, os membros da guarda avistam um homem subindo entre as pedras e as árvores. Apesar de incrédulos, vendo sua tentativa de ajudar, dividiram-se no apoio. Uns gritavam incentivando, outros falavam para não ir, pois iria morrer. Muitos apontavam o caminho. Outros diziam que aquele não era o caminho correto. Mas, mesmo assim, ele seguia determinado. Então, diante de tantas dificuldades visíveis, beirando o impossível, o rei determinou que o homem desistisse, pois já haviam ocorrido muitas mortes na busca de um corpo sem vida. Porém, contrariando a todos, o homem, resoluto, chegou até o corpo, que ainda respirava. Com o auxílio de cordas, o menino foi alçado até seu pai. Quando o homem também chegou ao cume do monte, após um longo abraço, o rei perguntou por que ele não acatou a ordem de desistir da busca. Foi então que o rei se deu conta da incapacidade do homem de ouvir.

– Bonita história. No mínimo, ele ganhou uma bela recompensa, mas eu não correria este risco.

– Mais um aspecto negativo do planejador. Muitas vezes se mostra mesquinho e egoísta. Não gosta de envolver-se com os outros.

– Mas, hoje em dia, é assim mesmo. Cada um por si.

– Não posso concordar, Willian. Enquanto descansamos, vou aproveitar para contar outra história, também ocorrida em Esparta.

– Com o general Leônidas?

– Sim. Estava Leônidas acampado com seus homens, quando foi informado de que três de seus comandantes estavam insatisfeitos com algumas determinações. Leônidas mandou chamá-los a sua tenda. Era uma noite muita fria. Os três chegaram e sentaram-se com Leônidas à beira do fogo. Por longos minutos nada foi dito. Apenas contemplavam as chamas. Então, Leônidas cuidadosamente puxou três brasas incandescentes da fogueira e as separou, ficando a observá-las fascinado e quieto. As chamas das brasas foram diminuindo aos poucos, até se apagarem de vez. Logo o carvão estava frio e morto.

Nenhuma palavra foi dita. Leônidas recolheu os carvões frios e colocou-os de volta no fogo. Imediatamente, eles voltaram a incandescer com os demais carvões ardentes ao redor.

— Entendi, obrigado. A força está no todo. Sem os outros, nada somos.

— Ótimo. Então, pode dar uma risada. Até agora não sei se este é um aspecto negativo do seu planejador ou se é típico de todo inglês.

— É, não sou mesmo de dar muita risada.

— Já percebi. O planejador também não é de dar muitas risadas. Mas Sócrates advertia: "Seja um homem sério, brinque".

— Mas isso é um contrassenso.

— Negativo. Um pai que brinca com seus filhos deixa de ser sério? Uma pessoa que faz um gracejo em uma reunião, sem afetar o andamento da mesma, deixa de ser séria? Um atendente de restaurante que descontrai deixa de ser sério?

— De fato, é uma outra visão.

— Preconceitos, objetivações. Isso tem tornado o mundo muito sisudo. Mais chato, eu me atrevo a dizer. Não há mais adultos brincando, se divertindo. Até mesmo as crianças estão brincando menos.

— É verdade. Não se veem mais crianças nas praças.

— O que causa um prejuízo enorme para elas.

— Por qual motivo?

– São vários os fatores. Primeiro, decisões rápidas que uma criança tomava frente a um perigo, agora ela demora muito mais para tomar. Por exemplo: uma criança, quando caía da bicicleta no parque, aprendia que, ao cair, deveria se levantar e seguir em frente. Hoje, muitos têm medos que decorrem de fatos simples como esse. Ou seja, não aprenderam a cair e levantar. Ficam imóveis com o medo do tombo. Essa imobilidade também é gerada pelo medo dos pais de que ocorra algo com a saúde dos filhos. Então, acabam protegendo demais os filhos e não dando essa oportunidade de aprenderem com o erro. O que anos atrás era um simples arranhão, hoje vira caso de hospitalização.

– Também concordo que há muito zelo por parte dos pais.

– Para não me alongar muito, outra situação é a que diz respeito à socialização dessas crianças. Quando se brinca com outras crianças, para poder ser aceito pelo grupo, há uma negociação. Regras são estipuladas para as brincadeiras e as crianças vão negociando até que haja consenso. O jovem ou adulto que não teve essa oportunidade acaba tendo dificuldades para aceitar mudanças de regras, mesmo quando são necessárias em um ambiente corporativo, para o bom desempenho das atividades.

– Mas ficar trocando as regras do jogo não é correto.

– Não, não é o melhor. Mas, muitas vezes, por teimosia, e falo isso porque é mais um dos pontos negativos do planejador, a pessoa acaba tendo prejuízos.

Inegavelmente, deve haver flexibilidade no ambiente de trabalho. Aristóteles dizia que a qualidade do estilo é a clareza. As regras devem ser claras, mas se a empresa vê oportunidades, se surgem mudanças que vão trazer melhorias, a pessoa deve acatar as novas regras. E isso vale para todos os relacionamentos.

— Ainda acho que aquilo que está dando certo não deve ser modificado.

— Muito bem. Vamos tentar uma parábola.

— Talvez fique mais fácil.

— Contam que, certa vez, duas moscas caíram em um copo com leite. Uma delas, julgando-se forte, nadou até a borda do copo. Como a superfície era lisa e suas asas estavam molhadas, não conseguiu forças para sair do copo. Desanimada, parou de bater asas e, dando-se por vencida, afundou. A outra mosca, mais persistente, continuou se debatendo incessantemente. De tanto se debater, percebeu que, à sua volta, o leite havia ficado espesso, formando um pequeno pedaço de manteiga, para onde subiu, e, logo após, conseguiu alçar voo para um local seguro. No entanto, alguns dias depois, essa mesma mosca caiu em outro copo. Como já havia aprendido com a experiência anterior, começou a se debater, na esperança de que, no devido tempo, se salvaria. Outra mosca, passando por ali e vendo a situação de perigo, pousou na beira do copo e gritou: "Tem um canudo ali! Nade até lá e suba por ele!". Crendo na sua experiência de sucesso anterior, a mosca não lhe deu ouvidos.

Continuou a se debater até que, exausta, afundou no copo cheio de ÁGUA e morreu.

– Agora entendi. De fato, algumas vezes fiquei, baseado em experiência anterior, me esforçando para atingir um resultado em situação diversa. Mesmo com alguns colegas me avisando que eram processos distintos.

Estava ciente das mudanças que deveria buscar, mas Vasilis levava a cabo a ideia de me ajudar.

– Quer mais, Willian? Os pontos que o planejador precisa melhorar, além dos que vimos, também têm a ver com sua atitude de superioridade. Normalmente, ele tende a ser lento e preguiçoso. Não tem motivação, é indeciso, desencoraja os outros e não gosta de liderar.

– Mais algum? – perguntei de forma ríspida, pois me sentia agoniado.

Estava me identificando com cada ponto negativo mencionado por Vasilis, como se ele fizesse de propósito, para me atingir.

– Desculpe-me, Vasilis. É que me vi nessa pessoa que você narrou.

– "O próprio sábio cora de suas palavras, quando elas surpreendem suas ações", dizia Sócrates. Mas não se preocupe. O importante é você se dar conta de seus pontos de melhoria.

– Já que estamos em Esparta, terra de Leônidas, seria demais se lhe pedisse para me ensinar a ser um líder?

Capítulo 17

"Procurando o bem para nossos semelhantes, encontramos o nosso." (Platão)

— Willian, esta não é bem a minha especialidade, mas, com base no que aprendi com a Filosofia e a Antropologia, podemos pensar juntos alguns predicados para nos tornarmos bons líderes.

— Tenho certeza de que você poderá me ajudar.

— Cada indivíduo tem características próprias, advindas da carga genética e da personalidade que cada um constrói ao longo da vida. Todos os estímulos recebidos de seu meio social e cultural vão influenciar em seu comportamento, determinando, por via de consequência, o tipo de liderança que irá exercer. É por isso que existem diversos estilos de liderança.

— Recordo-me de que Zhi falava dos estilos de liderança, que, se não me falha a memória, eram sete.

– E quais seriam eles?

– Havia o ditador, o controlador, o carente, o perfeccionista, o fazedor, o mediador e o protetor.

– Cada um deles tem pontos positivos e de melhorias. O ideal é que o líder tenha um pouco de cada estilo, para que assim possa se adequar às diferentes situações que surgirão durante sua liderança.

– Exato!

Foi tudo que consegui dizer, antes que ele me perguntasse qual havia sido o diagnóstico do meu estilo, quando Zhi me propôs refletir sobre liderança.

– O que não é mais aceitável, seja em ambientes corporativos ou não, são líderes com características extremamente autoritárias, cuja lei é a do "manda quem pode, obedece quem tem juízo".

– Tem razão. Devemos aprender a distinguir um chefe de um líder. Não devemos mais ter chefes, mas sim formar líderes.

– Chefes têm subordinados, subalternos ou seguidores. Os verdadeiros líderes de hoje não têm seguidores, no sentido convencional da palavra. Líderes transformam seguidores em outros líderes. E não somente no âmbito profissional, mas em todos os ambientes e com todas as pessoas com as quais se relacionam.

– Quais os traços que o líder deve ter?

– A liderança tem sido muito estudada na atualidade. Algumas qualidades pessoais, como tenacidade e habilidade na tomada de decisões, flexibilidade, inovação e capacidade de se adaptar rapidamente a mudanças, ainda são necessárias, mas já não são mais suficientes.

– Sim, vemos isso em alguns, mas temos os outros tipos de líderes!

– De fato, Willian. Por causa do estilo de liderança variado, teremos diversos tipos de líderes. Uns serão mais autoritários, outros mais liberais e alguns mais democráticos. E conforme a equipe que está sendo liderada, é preciso utilizar uma ou outra qualidade. Ainda que, muitas vezes, seja ineficiente ou até mesmo cause indisciplina, quando aplicada em outra equipe.

– Pode dar um exemplo?

– Sim, falando de Leônidas novamente. Não se pode crer que um comandante militar possa utilizar uma condução mais democrática. Deverá, mesmo a contragosto, ser mais enérgico em determinados momentos, sob pena de perder o comando.

– Mas aí pode entrar o líder inspirador. Aquele que tem o poder quase mágico de tornar o que é importante para ele em importante também para outras pessoas.

– Concordo, mas não se trata de simplesmente dizer a alguém o que fazer. É preciso dizer ao outro o que você quer e está disposto a fazer, e fazer com que esse outro queira e se disponha a fazer o mesmo. Mostrar que a meta, o objetivo, é possível, que pode ser alcançado com a ajuda de uma liderança inspiradora.

– Por isso, o líder tem que inspirar as pessoas para descobrirem seu potencial.

– Ótimo! Decorre daí um conceito de liderança que diz que o líder é alguém que consegue levar um grupo de pessoas a um lugar aonde elas mesmas não acreditam que sejam capazes de ir.

– Jesus!

– Sim, Jesus foi um grande líder. Quantos morreram por ele em uma busca pacífica por um mundo melhor?

– Ele foi um grande líder porque primeiro servia aos outros. Ensinou que devemos servir aos outros.

– Concordo em parte. Há alguns anos que me debruço sobre esse pensamento. Entendo que, mais do que servir, Jesus acolheu o outro. Esta é a minha tese. O LÍDER ACOLHEDOR.

– Interessante.

– No caso de Jesus, ele não fez qualquer distinção entre seus seguidores. Pelo contrário, não lhe interessava quem era a pessoa. Simplesmente recebia e acolhia a todos que queriam ouvi-lo e segui-lo.

– Recordo-me de alguns casos, como o de Zaqueu, que era cobrador de impostos.

– Deste eu não me lembro, Willian. Conte-me.

– Quando Jesus entrou em Jericó, havia ali um homem rico, chamado Zaqueu, chefe dos publicanos. Ele queria ver quem era Jesus, mas, sendo de pequena estatura, não conseguia, por causa da multidão. Assim,

Um coach grego

correu adiante e subiu numa figueira para vê-lo, pois Jesus iria passar por ali. Quando Jesus chegou ao pé da figueira, olhou para cima e disse: "Zaqueu, desça depressa. Quero ficar em sua casa hoje". Então, Zaqueu desceu rapidamente e o recebeu com alegria. Todo o povo viu isso e começou a se queixar: "Ele se hospedou na casa de um pecador". Mas Zaqueu levantou-se e disse ao Senhor: "Olha, Senhor! Estou dando a metade dos meus bens aos pobres. E se de alguém extorqui alguma coisa, devolverei quatro vezes mais". Jesus, então, lhe disse: "Hoje houve salvação nesta casa! Porque este homem também é filho de Abraão. Pois o Filho do homem veio buscar e salvar o que estava perdido".

– Brilhante! O acolhimento de alguém que era considerado um pecador e, por causa desse acolhimento, se tornou uma pessoa distinta. Outro exemplo é o da mulher pecadora.

– Sim, a mulher que ungiu e lavou os pés de Jesus. Mesmo contrariando a todos, foi acolhida.

– E Lázaro, o leproso. Ou o jovem rico, que não aceitou a proposta, mas seria acolhido. E, principalmente, os doze apóstolos.

– Por isso, Willian, entendo que o acolhimento é que faz o líder ser seguido. Jesus fez o chamado, alguns aceitaram e não foram questionados nem discriminados. Simplesmente, foram acolhidos. E quantos morreram por seus ensinamentos? Nos nossos meios sociais, de trabalho e familiares, o que mais se deseja é ser aceito. Ser acolhido como se é. Muitas vezes, lutamos para ser outro, mas isso não perdura por muito tempo.

– Sim, pois a alma não tem segredo que o comportamento não revele.

– Exato! Dessa forma, temos que agir de acordo com a nossa essência, buscando o que temos de melhor e, a partir daí, nossas realizações.

– Então, o líder deve aceitar cada um como é?

– Isso mesmo. A partir da essência de cada um, de suas habilidades, qualidades e competências, o líder irá direcionar seus liderados para a função correspondente. Ele estará acolhendo o outro como ele é.

– Brilhante! Assim, não haverá imposição e cada um fará o que sabe fazer melhor. Produzirá muito mais, pois estará satisfeito.

– Mas, para isso, o líder tem que ouvir, conhecer e estar atento aos seus liderados. O pastor deve conhecer suas ovelhas.

– É, mas pelo que tenho visto, o exemplo de Jesus como LÍDER ACOLHEDOR não foi entendido nem aplicado.

– Não vejo dessa forma, Willian. Posso afirmar que houve mudanças profundas.

– Só se foi aqui na Grécia.

– Não vou falar dos anos iniciais da revolução industrial, com jornadas de 16 horas, uso da força de crianças e assim por diante. Falo de poucos anos atrás, até os dias atuais. Um chefe autoritário, sanguinário, excluindo as ditaduras e os regimes de exceção, ainda persiste nos dias de hoje?

– Não. Hoje tudo está mais visível aos olhos do mundo. A informação chega muito rápido em qualquer parte do planeta.

– É verdade, mas mesmo assim ainda há muito a ser mudado.

– Precisaríamos de mais coragem.

– Platão ensinava que "a esta força que mantém sempre a opinião justa e legítima sobre o que é necessário temer e não temer, chamo e defino de coragem". Aristóteles, por sua vez, dizia que "a coragem é a primeira de todas as qualidades humanas, porque garante todas as outras".

– É uma grande verdade, mas entristece saber que ainda há muitas tragédias cometidas contra o homem pelo próprio homem. "O homem é o lobo do homem".

– Thomas Hobbes.

– Isso mesmo. Hobbes é um dos grandes filósofos do meu país – falei estufando o peito, tomado de patriotismo, para logo me dar conta de que estava diante de um doutor em Filosofia, que por óbvio sabia que Hobbes era inglês e, pior ainda, nascido em um país que gerou filósofos muito mais destacados.

– Com certeza, um dos maiores de todos os tempos.

Vasilis afirmou de forma tão humilde, que me deixou ainda mais envergonhado. Nitidamente para interromper meu estado anímico, ele falou:

– Aprender a ouvir.

– Ouvir na essência. Lembro-me de Zhi me ensinando sobre isso. As pessoas não escutam mais os outros. Querem falar, falar.

– Platão dizia que "não devemos, de forma alguma, preocupar-nos com o que diz a maioria, mas apenas com a opinião dos que têm conhecimento do justo e do injusto e com a própria verdade".

– Principalmente com a verdade.

– Sim, Willian. A verdade sempre é o que interessa. Somente para ilustrar, Sócrates tem uma frase, com o perdão do trocadilho, que é bem verdade: "a mentira nunca vive o suficiente para envelhecer".

– Mas há muitos que mentem e se dão bem.

– "Que vantagem têm os mentirosos?", perguntava Aristóteles.

– Nem imagino.

– A de não serem acreditados quando dizem a verdade.

– Sob este ponto de vista, tenho que concordar. Conheci muitos mentirosos e estes sempre acabavam sós, sem emprego, sem nada.

– Então, eles se deram bem?

– É, mas, pior que os mentirosos, ainda existem aqueles que adoram inventar coisas dos outros, como se fossem verdades.

– Prometo que esta será a última parábola do dia, mesmo porque já anoiteceu e nem vimos o dia passar.

– Conte-a, por favor.

– Um dia, um conhecido de Sócrates aproximou-se e disse: "Sócrates, sabe o que acabei de ouvir acerca daquele teu amigo?". "Espera um minuto", respondeu Sócrates. "Antes que você me diga, gostaria de propor um teste. Chama-se o teste do filtro triplo". "Filtro triplo?" "Sim", continuou Sócrates. "Antes de falar do meu amigo, talvez fosse uma boa ideia você parar por um momento e filtrar aquilo que vai dizer. Por isso se chama Filtro Triplo". E continuou: "O primeiro filtro é a VERDADE. Você tem certeza absoluta de que aquilo que me vai dizer é perfeitamente verdadeiro?" "Não", disse o homem. "O que acontece é que eu ouvi dizer que..." "Então", interrompe Sócrates, "você não sabe se é verdade. Passemos ao segundo filtro, que é a BONDADE. O que você vai me dizer do meu amigo é BOM?" "Não, muito pelo contrário." "Então", continuou Sócrates, "você quer me dizer algo mau sobre ele, sem nem ao menos saber se é ou não verdadeiro? Bem... pode ser que você ainda passe no terceiro filtro, que é a UTILIDADE. O que vou ouvir sobre o meu amigo será útil para mim?" "Não, acho que não", respondeu o homem. "Então", concluiu Sócrates, "se o que você vai me dizer não é nem bom, nem útil e muito menos verdadeiro, para quê me dizer?"

— Verdade, bondade e utilidade. Quanta sabedoria! Jamais esquecerei. De agora em diante, pensarei três vezes antes de falar qualquer coisa.

— Pensar três vezes antes de falar... Será que é dos filtros que surgiu a expressão?

— Não sei, Vasilis. Mas é uma das melhores coisas que aprendi nos últimos tempos. Quantas discussões, mal-entendidos, separações, dissoluções de sociedades e até guerras já aconteceram pelo simples fato de não terem sido utilizados os três filtros. Muito obrigado, Vasilis!

— Vamos descansar agora, que amanhã devemos passar o dia em Olímpia, terra das Olimpíadas.

Capítulo 18

*"Todo homem, por natureza,
quer saber." (Aristóteles)*

– *Kaliméra*, Willian!
– *Kaliméra*, Vasilis!
Desejamos bom-dia um ao outro, no caminho do café. Naquele momento, já acostumara o ouvido ao idioma e entendia algumas palavras.
– Foi muito boa a conversa de ontem, Vasilis. Pude me ouvir na essência, antes de dormir.
– Isso é ótimo! Reflexão. Todas as noites, quando vou me deitar, faço uma breve reflexão sobre o meu dia. Destaco três pontos positivos e os revivo por alguns segundos, agradecendo por tê-los vivido. Devemos comemorar e agradecer os momentos bons de cada dia. Depois, revejo três pontos que não foram tão bons. Penso neles e em como poderia ter feito diferente. Reflito,

revejo, imagino dessa nova forma e internalizo. É um bom modo de começar a mudar seus pensamentos.

– Vou adotar também.

– Então, permita que lhe dê uma sugestão ainda mais elaborada. Compre uma caderneta. Pode ser bem simples. Escreva, usando uma folha por dia, esses três momentos bons e os três ruins. Após, escreva três coisas que irá fazer no dia seguinte.

– Mas isso é um diário! – falei um pouco incomodado, pois diário me lembrava coisa de adolescente e, principalmente, de menina.

– Sim. Eu chamo de diário *veritas*, e caso você se lembre um pouco de latim, veritas significa verdade. O diário é uma uma excelente ferramenta para mudanças comportamentais. Primeiro, porque me faz refletir sobre o meu dia. Segundo, me impõe pensar em mudar o que fiz de não tão bom, o que vai me oportunizar fazer diferente na próxima vez. E, por fim, me coloca na obrigação de executar aquelas tarefas que estava procrastinando.

– De fato, me parece uma excelente ferramenta para melhorar o meu dia.

– Muitos amigos para quem o sugeri, que eram péssimos planejadores, me contaram das incríveis mudanças que sentiram em suas vidas após adotarem o diário *veritas*. Está aí mais um instrumento para melhorar o seu planejador.

– Mais uma vez, obrigado.

– Ao final, para que eu jamais esqueça que sou um privilegiado por tudo que recebi, escrevo uma frase que me acompanha por mais de quarenta anos.

– Posso saber qual é?

– Sim, ela sempre era proferida por meu avô Amaro: "Eu estou bem, me sinto bem e vou ficar cada vez melhor". É incrível como me sinto bem a cada vez que pronuncio essa frase. Você pode criar a sua ou adotar uma frase pronta.

Fiquei pensando na frase que melhor se adequaria ao meu momento e à minha pessoa, quase a ponto de tropeçar numa mala que um hóspede havia deixado no saguão.

– Willian, você falou que havia se ouvido na essência. Isso é importante, mas a ideia de ouvir na essência é parar tudo que está fazendo para prestar atenção no que o outro tem a dizer.

– Sim, Vasilis. Zhi me ensinou e pude comprovar na prática que causa um efeito muito grande entre o emissor e o receptor. O emissor se sente importante, pois alguém está ouvindo-o.

– Hoje em dia, as pessoas querem apenas falar, não querem ouvir. E somente será um bom líder aquele que souber ouvir seus liderados. Ele saberá o que está acontecendo com cada membro de seu grupo. Quando você para tudo o que está fazendo para ouvir o outro, está doando seu tempo. E atualmente o tempo é considerado sagrado.

– Sim, é o que costumamos dizer em Londres.

– Então, se o tempo é sagrado, e você dá um pouco do seu tempo para o outro, ele perceberá isso e se sentirá acolhido. Mais do que isso, ele se sentirá grato e o verá como um amigo, como um líder. Um LÍDER ACOLHEDOR. Apenas quando aprende a ouvir o coração das pessoas, os sentimentos calados, os medos e as queixas não confessadas, é que um líder pode inspirar confiança em seus liderados, entender o que está errado e atender às reais necessidades deles. Os liderados, então, passarão a respeitar a autoridade do líder e o acompanharão em suas decisões.

– Um vínculo será criado.

– Isso mesmo! Obrigado pela expressão. *Obrigado...* Veja bem, aí está uma palavra que muitas vezes relutei em utilizar. Após um favor, uma gentileza ou um presente, por muitos anos usei o termo *grato*, pois não me sentia bem falando obrigado.

– Concordo, parece que está sendo forçado ou obrigado.

– Um dia, porém, após ter passado muitas horas ouvindo um amigo, e ele, agradecido, dizer que passava a ter uma obrigação comigo, dei-me conta de que aquele *obrigado*, que eu abominava, era exatamente no sentido de a pessoa acolhida, por ter sido agraciada com o meu tempo, se sentir "obrigada" a me querer bem. Eu criara um vínculo, uma ligação.

– Interessante. Nunca havia pensado dessa forma.

– Então, se você deseja ser um bom líder, a primeira coisa é conhecer seus liderados e ser um LÍDER ACOLHEDOR. Péricles, um dos principais líderes democráticos de Atenas e a maior personalidade política do século V a.C., responsável pela maioria das estruturas que ainda existem na Acrópole de Atenas, incluindo o Parthenon, com influência tão profunda na sociedade ateniense, que Tucídides, um historiador contemporâneo seu, o declarou "o primeiro cidadão de Atenas", sempre que lhe perguntavam qual deveria ser a primeira atitude de um governante ao assumir o poder, respondia que era aprender o nome de seus assessores.

– Mas isso me parece tão insignificante, perto da infinidade de coisas que uma cidade ou país precisam para serem bem governados.

– Era exatamente isso que diziam a Péricles. Ao que ele respondia que um homem jamais pode receber ajuda de quem não conhece. Se ele não entender a natureza, não entenderá a Deus. Da mesma maneira, se não sabe quem está ao seu lado, não terá amigos. Sem amigos, não poderá estabelecer uma estratégia. Se não houver estratégia, não conseguirá liderar ninguém. Sem direção, o governo mergulha em uma grande crise.

– Ótima colocação. Vou aprender o nome de todos os colegas do escritório e me dedicar a ouvi-los com corpo e alma. Não conseguiremos o que desejamos se estivermos sozinhos.

– Isso mesmo! Seja um LÍDER ACOLHEDOR. Um outro grande mal da humanidade é que desejamos fazer tudo sozinhos. Não dividimos nosso tempo para ouvir os outros, não nos preocupamos com a saúde dos outros, muitas vezes sequer dividimos nossas tarefas para que os outros não aprendam, com medo de perdermos nosso posto, e, o pior, estamos sempre julgando.

– Suspender o juízo. Se não conheço o assunto, não devo me manifestar. Os três filtros. Não posso opinar sobre o que desconheço. Jamais devo falar de uma pessoa se não a conheço.

Naquele momento, falava sem parar.

– Isso mesmo. Você aprendeu bem com o Zhi. Mas o que mais importa é este acolhimento de que falamos, a maneira como falamos, o tom em que falamos.

– Sim, o líder dá o tom.

– Exato! Mas agora falo do tom de voz mesmo.

– Não acerto uma – exclamei em um tom mais alto, mas xingando a mim mesmo.

– "É costume de um tolo, quando erra, queixar-se do outro. É costume do sábio queixar-se de si mesmo". Esta frase é de Sócrates, e por ela podemos ver que você teve sabedoria neste momento. Por outro lado, mesmo que tenha dirigido a expressão para si, você elevou o tom de voz. E esse cuidado temos que ter quando conversamos com um liderado, ou com qualquer outra pessoa.

– Por isso o líder dá o tom.

— Perfeito! Sempre que você quiser passar alguma informação, correção ou melhoria para uma pessoa, sugiro que baixe o tom de sua voz. Isso vai fazer com que a pessoa pare o que está fazendo para ouvi-lo melhor.

— Muitas vezes, fico irritado quando me contrariam, e se a pessoa começa levantar a voz, levanto a minha ainda mais.

— E aí vira uma discussão sem fim. Cada um tenta impor sua ideia sem sequer ouvir o que o outro está dizendo.

— É a famosa expressão "ganhar no grito".

— Sim, mas quem ganhou? Neste caso, há somente perdedores. Eu continuei com a minha ideia e o outro com a dele. Nada mudou. Não houve evolução. Não houve aprendizado. Sócrates dizia que "não devemos pautar nossas ações buscando a aprovação dos insensatos, pois isso seria uma prova da nossa insensatez". Como disse antes, quando quiser que a pessoa escute você, baixe o tom de voz e ela parará para escutar. Então, falando com a voz pausada, ela ouvirá. Poderá não concordar, mas ouvirá.

— Hoje em dia, está cada vez mais difícil conversar.

Então, sem proferir uma palavra, Vasilis abriu sua pasta, vasculhou alguns documentos e retirou uma folha.

— Vou ler uma mensagem que recebi de um colega antropólogo nos Estados Unidos. É um texto contemporâneo de uma tribo indígena americana. Diz assim: "Nós, os índios, conhecemos o silêncio. Não temos medo dele. Na verdade, para nós, ele é mais poderoso do que as palavras. Nossos ancestrais foram educados nas maneiras do silêncio e nos transmitiram esse conhecimento. Observa, escuta, e logo atua, nos diziam. Esta é a maneira correta de viver. Observa os animais para ver como cuidam de seus filhotes. Observa os anciãos para ver como se comportam. Observa os homens brancos para ver o que querem. Sempre observa primeiro, com o coração e a mente quietos, e então aprenderás. Quanto tiveres observado o suficiente, então poderás atuar. Com vocês, brancos, é o contrário. Vocês aprendem falando. Dão prêmios às crianças que falam mais na escola. Em suas festas, todos tratam de falar. No trabalho, estão sempre tendo reuniões nas quais todos interrompem a todos, e todos falam cinco, dez, cem vezes. E chamam isso de resolver um problema. Quando estão numa habitação e há silêncio, ficam nervosos. Precisam preencher o espaço com sons. Então, falam compulsivamente, mesmo antes de saber o que vão dizer. Vocês gostam de discutir. Nem sequer permitem que o outro termine uma frase. Sempre interrompem. Para nós, isso é muito desrespeitoso e muito estúpido, inclusive. Se começas a falar, não vou te interromper, te escutarei. Talvez deixe de escutar se não gostar do que estás dizendo. Mas não vou te interromper. Quando terminares, tomarei minha decisão sobre o que disseste, mas não te direi se não estou de acordo, a menos que seja importante. Do contrário, simplesmente ficarei calado e me afastarei. Terás dito o que preciso saber. Não há mais nada a dizer. Mas isso não é suficiente para a maioria de vocês. Deveríamos pensar nas palavras como se fossem sementes. Deveríamos plantá-las e permitir que cresçam em silêncio. Nossos ancestrais nos ensinaram que a terra está sempre nos falando, e que devemos ficar em silêncio para escutá-la. Existem muitas vozes além das nossas. Muitas vozes. Só vamos escutá-las em silêncio".

Naquele momento, o silêncio se abateu de tal forma, que pude ouvir o farfalhar das folhas das oliveiras no alto das montanhas que circundam Olímpia.

– Vamos, Willian. Sobe na moto, que vamos ao estádio de Olímpia. O berço das Olimpíadas.

Capítulo 19

*"Quantas vezes falei o que não queria dizer
e quantas outras disse sem falar." (Sócrates)*

Em poucos minutos, chegamos ao estádio. Na porta, parecia que um comitê olímpico nos aguardava.

– Vasilis! – gritou um grego que vinha em passadas largas, quase correndo em nossa direção.

– Dimitrios! Como vai, meu bom amigo?

– Estava com saudades. E este que vai contigo?

– É um amigo inglês.

Quando Vasilis falou que eu era inglês, o grego começou a falar e não parou mais.

– Os jogos olímpicos foram uma série de competições realizadas entre representantes de várias cidades-estado da Grécia antiga. Sua origem é envolta em mistério e lendas. Um dos mitos mais populares identifica Hércules e Zeus, seu pai, como os criadores dos jogos. Segundo a lenda, foi Hércules quem primeiro os chamou de "jogos olímpicos". A lenda afirma ainda que, após ter completado seus doze trabalhos, Hércules construiu o estádio Olímpico em honra a Zeus, deus do Olimpo. Após sua conclusão, andou 200 passos em linha reta e chamou essa distância de "estádio", que, na tradução do grego, significa palco. A data mais aceita para o início dos jogos olímpicos antigos é 776 a.C., segundo inscrições encontradas aqui em Olímpia dos vencedores de uma corrida a pé realizada a cada quatro anos, a partir de 776 a.C. As Olimpíadas foram de fundamental importância na Grécia antiga. Os vencedores das provas eram admirados e imortalizados em poemas e estátuas. Na era moderna, a primeira Olimpíada aconteceu em 1896, na Grécia. Em 1900, realizou-se na França. Em 1904, foram os americanos que a promoveram. A considerada quarta olimpíada ocorreu em Londres, no ano de 1912. Em 1916, a Suécia...

– Tá bom, Dimitrios – interrompeu Vasilis. – Conta logo para ele que, em 1976, na Olimpíada de Montreal, foi o seu pai que acendeu e carregou o fogo simbólico de Olímpia no primeiro trajeto.

– É verdade! Eu já ia chegar lá.

– Muito bem, Dimitrios. Vou mostrar o estádio para ele.

Tão logo nos afastamos, tive que manifestar minha impaciência com toda aquela história.

– Não aguentava mais ouvir o Dimitrios falar.

– Pois bem, Willian. Eu já ouvi ele contar essa história mais de quinhentas vezes. E não estou exagerando. Eu ouviria de novo, mas pude perceber sua impaciência e entendi que era o momento de pará-lo.

– Fico agradecido.

– Willian, aquele momento do pai dele foi mágico. Será contado por muitas gerações da família. Acender o fogo olímpico e carregar a tocha, para um morador de Olímpia, tem um significado único, quase igualável aos vencedores. É um grande feito de sua família.

– Começo a imaginar que sim.

– Conversamos ontem sobre a importância de ouvir o outro, doar nosso precioso tempo para o outro. É como uma dádiva, um presente. É o acolhimento.

– Por isso que ele recebeu você daquela forma efusiva.

– Tenho certeza de que sim, Willian. O rosto da pessoa demonstra o que seu coração está sentindo. Essas são mais duas dicas para aprimorar a sua liderança, quando você voltar a Londres, na busca de sua meta.

– Como é que o rosto fala?

– Na mitologia grega, Eurotas é filho de Lélex, o primeiro rei de Esparta. Ele teria dado origem ao rio Eurotas drenando os charcos da planície da Lacônia. Ele teve uma filha chamada Esparta, que deu nome à cidade de Esparta. Ontem passamos pelo rio Eurotas. Pois bem, certo dia, o rio Eurotas estava revolto, tendo transbordado devido a uma forte tempestade. A ponte usada para a travessia havia sido levada pela correnteza. Lélex e seus guardas deveriam cruzar o rio. Cada cavaleiro se viu obrigado a se jogar nas águas e atravessá-las, com seu cavalo, enfrentando a forte correnteza e a morte que se avizinhava. Naquele momento, passava pelo local um viajante, que ficou admirado com a bravura dos cavaleiros. Ele também havia de transpor o rio, mas não tinha coragem para tanto. Então, se dirigiu ao rei e pediu que o levasse na garupa de seu cavalo, para juntos atravessarem o rio. Sem hesitar, o rei concordou e o puxou para cima de seu cavalo. Pouco depois, ambos estavam do outro lado do rio, a salvo. Quando o viajante desceu do cavalo, um dos guardas do rei perguntou-lhe por que havia feito o pedido logo ao rei, havendo tantos cavaleiros no local. Surpreso, ele confidenciou que não imaginava que era o rei. Explicou, então, que pôde ler no rosto de alguns a palavra "não" e na de outros a palavra "sim". E que no rosto do rei havia lido a palavra "sim".

– Pura verdade. Depois que comecei a examinar mais as expressões das pessoas, pude ver quem estava disposto a ajudar ou não. Tive colegas que, quando viam a aproximação de alguém, se enfiavam dentro de um livro. Uma colega começou a usar fones de ouvido só para não ser interrompida. Alegava que precisava se concentrar, mas sabíamos que não queria compartilhar seus conhecimentos, tampouco ajudar os outros.

Um coach grego

– "O grande segredo para a plenitude é muito simples: compartilhar". Esta é mais uma frase do grande Sócrates. Caminhos podem ser abreviados se compartilharmos informações. Conversamos em outro momento que, muitas vezes, até mesmo por vaidade, tentamos impor nossas ideias sem ouvir as do outro. Como se fosse uma disputa de retórica, mas sem fundamento. Agindo assim, deixo de acrescentar ao meu conhecimento uma parte do teu, e ambos perdemos a oportunidade de formar uma nova ideia ou um argumento mais forte. Por isso, recomendo: sempre troque informações com seus colegas. Esteja receptivo para novos conceitos. Não se feche em suas ideias. Isso faz parte do LÍDER ACOLHEDOR. Dê *feedback*.

– Sim, *feedback* eu dou, mas muitos não gostam de ouvir as verdades.

– Willian, vivemos em uma sociedade ególatra, vaidosa. Por isso, infelizmente, o bom líder tem que ter muito cuidado ao dar um *feedback* para seus liderados. Se você quiser, posso ensinar o meu método, que chamo de PNP.

– PNP?

– Positivo, negativo, positivo. Como falei antes, ninguém gosta de ouvir que seu trabalho, por exemplo, não foi bem feito. Muitas vezes, dizemos somente que o trabalho pode ser feito de outra forma. Mas, em alguns casos, já é suficiente para o colega passar a fazer cara feia, levar para o lado pessoal. E essa não era a intenção.

– Isso ocorre seguido comigo.

– Vamos ver o meu método. Você vai começar elogiando a pessoa. Narre suas qualidades, suas habilidades e outros pontos positivos dela. Depois, você vai falar que o trabalho dela é bom, mas que naquele momento não foi tão bom quanto a sua capacidade. Diga a ela o que você espera. Em muitos casos, conforme for a vaidade do liderado, conduza a conversa até o ponto em que ele descubra o que deve ser feito e passe a acreditar que chegou à conclusão através de suas próprias ideias. Por fim, e para encerrar, volte a mostrar os pontos positivos que ele possui, dizendo que conta com sua ajuda, pois reconhece sua capacidade. Faça dessa forma e verá a mudança. Pode ter certeza de que dará certo.

– Tenho certeza, pois enquanto narrava o método, fui imaginando e sei bem como lidar com todos os meus encarregados. Mais uma vez, grato e, agora, obrigado.

– Voltemos à questão da paciência que devemos ter com os outros. Muitos talvez saibam que Sócrates morreu devido ao veneno que foi obrigado a tomar.

– Sim. Cicuta.

– Exatamente. O que muitos não sabem é por qual motivo Sócrates foi condenado.

– De fato. Não me lembro.

– Willian, você pode não acreditar, mas um dos principais motivos da condenação de Sócrates foi a impaciência.

– Impaciência? Como assim?

– Os filósofos anteriores a Sócrates desejavam explicar a origem do Universo e das coisas baseando-se em um elemento fundamental, formador de tudo. Tales de Mileto, por exemplo, acreditava que esse elemento era a água. Para Heráclito, seria o fogo. Para Anaxímenes, o ar; e assim mais alguns. Sócrates, não estando conforme com essas ideias, e ainda questionando-se sobre diversas condições do ser humano, passou a interpelar os moradores de Atenas. Então, ao encontrar uma pessoa, fazia perguntas como "O que significa ser justo?", "O que é coragem?", "Como devemos viver?".

– São coisas em que devemos pensar.

– Sem dúvida, mas essas questões morais aborreciam muita gente, pois, a cada resposta, Sócrates fazia uma nova pergunta. Muitas vezes, com ironia, ele fazia com que a pessoa se contradissesse, o que gerava certo mal-estar quando esta se dava conta de sua contradição. Sua intenção era boa. Ele queria apenas ajudar a pessoa a ver que estava pensando de forma errada. Como sua mãe era parteira, Sócrates dizia que paria ideias. Ele amava o saber.

– Mas só isso foi suficiente para levá-lo à morte?

– Ocorre que, à época, existiam pessoas que ensinavam outras a desenvolver certas habilidades, principalmente o diálogo e a retórica. Eram os sofistas. Sócrates entendia que os sofistas simplesmente usavam jogos de palavras para ludibriar o oponente e, dessa forma, obter alguma vantagem.

— Como era isso?

— Vamos a um exemplo clássico de sofisma. Afirmo que tudo que é raro é caro.

— Sim. Tudo que é raro é caro.

— Um cavalo bom e barato é raro.

— Plenamente de acordo.

— Se tudo que é raro é caro, e se um cavalo bom e barato é raro, logo um cavalo bom e barato é caro.

— Sim. Está certa a afirmação.

— Não, Willian. A conclusão não está correta. Se ele é barato, não pode ser caro.

— Puxa, tem razão!

— Era isso que Sócrates fazia. Mostrava que os sofistas não buscavam o conhecimento, mas apenas ensinar pessoas a ganhar disputas verbais. Tal fato desgostou os sofistas, que tinham como clientes pessoas importantes, dentre elas os políticos. Ocorre que essa forma de busca do conhecimento despertou o interesse dos jovens atenienses, que passaram a admirar e a acompanhar Sócrates. Os jovens, todavia, por sua inexperiência, mas repetindo as ideias do mestre, passaram a questionar tudo e a todos. Outro motivo que gerou desconforto na sociedade ateniense. Diante dessa situação, três cidadãos acusaram Sócrates de impiedade e corrupção da juventude. Na verdade, os incomodados queriam apenas fazer com que ele parasse de importunar os cidadãos. Sócrates fez sua defesa e foi considerado culpado. No entanto,

Um coach grego

deram-lhe a chance de escolher sua própria punição. Ele sugeriu uma multa irrisória e quarto e comida pagos pelo Estado para o resto de sua vida, como recompensa pelos seus esforços para fomentar a virtude dos cidadãos atenienses. Os juízes não acharam graça e votaram pela proposta da acusação: envenenamento por cicuta.

– Ele não poderia ter se arrependido?

– Sim. Se ele tivesse manifestado remorso e prometido que pararia de filosofar, seria poupado. Teria, então, alegado que, se não podia mais buscar o saber que tanto amava, seria melhor morrer. E assim foi cumprida sua sentença de morte.

– A impaciência matou um grande homem.

– Perfeita conclusão. Por isso, pergunto: quantas vezes a nossa impaciência está matando boas ideias, boas relações, mudanças de processos e até mesmo boas companhias? Ouvir o outro, acolher o outro, ter paciência com o outro. Este é o bom caminho. Quando você voltar a Londres, busque cultivar este hábito, pois assim se tornará um LÍDER ACOLHEDOR.

Capítulo 20

"É fazendo que se aprende a fazer aquilo que se deve aprender a fazer." (Aristóteles)

– Vasilis! Quanto aos sofismas, também devemos ter cuidados. Vejo isso na minha profissão.

– Conte-me.

– Tenho encontrado bons oradores, mas muitas vezes o conteúdo de seu discurso não é tão bom quanto aquele que o está proferindo.

– Perfeito! Hoje dispomos de muitos meios de comunicação rápidos. A internet globalizou nossas relações. Mas a ânsia de se comunicar, de gerar informação, tem ocasionado muitos conflitos.

– Explique melhor.

– Eu recebo uma informação, mas não a leio completamente. Apenas passei os olhos por cima e formei uma opinião. Se achei interessante, repasso.

– Sim. Devemos compartilhar aquilo que achamos que o outro deve ter conhecimento.

– Tem razão. Mas se eu não li com atenção o que a mensagem está informando, posso estar repassando uma notícia falsa, tendenciosa, que pode até mesmo ser contrária ao meu pensamento.

– É verdade.

– Por outro lado, entendo que, ao não ler com atenção, perde-se a possibilidade de fazer um juízo crítico sobre o tema proposto. Dessa forma, estamos criando pessoas que simplesmente repassam informações. Não analisam. Não questionam. Facilitando, assim, a manipulação. Este é um grande medo que tenho. Aumentou a informação, mas diminuiu de forma drástica o pensamento crítico. E mudanças somente ocorrem quando há discussão de novas ideias. Se ficamos repassando as mesmas ideias, teremos as mesmas atitudes e os mesmos resultados.

– Este é o portão de entrada do estádio de Olímpia? – perguntei, sem perceber que Vasilis ainda não havia concluído seu pensamento.

– Sim, Willian. Por aqui passaram grandes heróis gregos.

– Hércules!

– Na imaginação dos gregos, sim. O jogos olímpicos tiveram grande influência na vida dos gregos.

– É enorme o local. Imaginava que seria somente um estádio. Como de futebol, bem menor.

Um coach grego

– Lembremos a explicação de Dimitrios, de que os jogos olímpicos começaram por volta do ano 776 a.C., e o que vemos hoje são apenas ruínas. Somente para uma melhor informação, Willian, é importante dizer que os gregos antigos chamavam este local de santuário de Zeus. O núcleo de Olímpia era o Áltis, este bosque à nossa frente, que era considerado sagrado. No centro do bosque, onde agora estão aquelas ruínas, existia um templo em estilo dórico dedicado a Zeus, construído entre 468 e 456 a.C., em cujo interior se encontrava uma estátua colossal deste, com treze metros e meio de altura, toda em ouro e marfim, de autoria do maior escultor da época, Fídias, e que era considerada uma das Sete Maravilhas do Mundo Antigo.

– Então, não era somente um estádio.

– Podemos dizer que era um enorme complexo esportivo, semelhante ao das Olímpiadas atuais. O estádio era apenas uma de suas partes. As Olimpíadas foram de fundamental importância religiosa, com eventos esportivos ao lado de rituais de sacrifício em honra tanto a Zeus, quanto a Pélope, o herói divino e rei mítico de Olímpia. Os jogos antigos destacaram provas de corrida, pentatlo, arremesso de disco e dardo, corrida a pé, lutas e eventos equestres. No ano em que se celebrariam os jogos, eram enviados por toda a Grécia arautos que anunciavam sua data e que convidavam atletas e espectadores a participar. Os arautos anunciavam também a trégua sagrada, que proibia a guerra durante o período dos jogos e visava a proteger os espectadores e os atletas durante sua vinda, estadia e regresso. Não vinham apenas da Grécia continental, mas de todos os pontos do mundo grego, que na antiguidade incluía as colônias espalhadas pelas costas do Mediterrâneo e do Mar Negro. Os vencedores eram homenageados em suas cidades: poderiam receber alimentação gratuita, terem estátuas erguidas em sua honra e serem cantados pelos poetas.

— Por isso, todos queriam vencer e se preparavam para o feito.

— Metas, Willian. Aí vemos claramente a necessidade de termos objetivos claros e um método para atingi-los. Todos os inscritos se preparavam para vencer. Queriam se tornar heróis. Mas eram provas de alta performance, como hoje. Ninguém vence uma prova olímpica sem muita dedicação.

— O filho de um conhecido meu está treinando para ser atleta olímpico.

— E como é a rotina dele?

— Foi feito um planejamento. Seu treinador entendeu que ele estará em seu melhor condicionamento físico daqui a seis anos.

— E o que foi traçado para atingir essa meta?

— Ele treina oito horas por dia. Tem uma alimentação rigorosa, acompanhamento de nutricionista, massagista e *coach*.

— Willian! Peguemos o exemplo desse seu amigo. Ele tem um objetivo. Veja de quantas coisas ele está abrindo mão para poder atingir sua meta. Ele traçou um plano, que está cumprindo à risca. Qual é a conclusão que tiramos disso?

— Se ele continuar assim, conhecerei, dentro de seis anos, um campeão olímpico.

— O mesmo ocorria com os competidores aqui de Olímpia. Não podemos contar com um ato de sorte para crermos que temos talento. Vou narrar uma história. Um rei, com o intuito de se divertir, determinou que fosse colocada uma aliança no alto de um poste de madeira. Avisou a população que aquele que conseguisse fazer uma flecha passar pelo cento da aliança receberia duzentas moedas de ouro. Mais de trezentas pessoas dispararam suas flechas sem atingir o alvo. Perto dali, um jovem brincava com seu arco e flecha. Por um descuido, jogou a flecha para o ar com mais força do que deveria. Pela ação de uma rajada de vento, a flecha acabou atravessando a aliança. O rei, então, cumprindo a determinação, deu ao jovem as duzentas moedas. Este, logo que as recebeu, correu até o mato e quebrou em vários pedaços seu arco. Um amigo, atônito com o ato, lhe perguntou por que havia quebrado o arco após o feito grandioso. O jovem respondeu que devemos entender que às vezes somos favorecidos por algum motivo, que pode ser sorte, mas isso não pode nos levar a crer que temos aquela capacidade.

— Sim. Podemos até nascer com um talento, uma virtude, como você ensinou, mas devemos desenvolvê-los continuamente.

– Falei de Fídias, o melhor escultor que a Grécia já produziu. Até atingir a glória, diversas foram as estátuas imperfeitas que ele produziu. Mas nem por isso deixou de fazê-las. Ninguém nasce pronto. Quando nascemos, somos como uma folha em branco. No decorrer dos anos, vamos escrevendo nossa história. Quem dizia isso era seu conterrâneo, John Locke.

– Agora fiquei na dúvida. Esta tese não contradiz a teoria da reminiscência de Platão? O que você contou mesmo sobre o mito de Er?

– Fico feliz que você tenha se lembrado do mito de Er. Platão e Santo Agostinho acreditavam na doutrina das ideias inatas, que sustenta que o homem nasce com determinadas crenças verdadeiras. Uma das questões mais antigas que a Filosofia tenta responder é: "Qual é a fonte do conhecimento humano?". Como podemos saber se Deus existe, que dois mais dois são quatro, ou que o céu é azul? A ciência nos diz apenas que temos uma história inscrita em nossos genes, e que estes irão determinar algumas predisposições para desenvolvermos certas doenças hereditárias, tendências sexuais e comportamentais ou mesmo o gosto por sorvete de chocolate. Mas aquilo que somos depende de uma combinação de fatores genéticos com o ambiente em que fomos criados. Seríamos, portanto, o resultado das escolhas que fizemos segundo as imposições do nosso patrimônio genético e das oportunidades que temos na vida. Em segundo lugar, Deus nos conferiu apenas a capacidade de adquirir conhecimento dentro de certos limites. Contrariando o inatismo, Locke afirma que, ao nascermos, somos como uma folha em branco ("tábula rasa", diriam os empiristas) que é escrita à medida que vivemos e temos experiência de mundo. Todo o nosso conhecimento está nela fundado, e dela deriva fundamentalmente o próprio conhecimento. O que Locke nos diz é que somente a experiência nos fornece as ideias que habitam nossos pensamentos. Em outras palavras, que o conhecimento tem início exteriormente, fora do homem.

– Seria por meio das sensações?

– Também. Pelos sentidos externos, mas também pelos internos. A sensação, ou sentido externo, é a percepção de objetos sensíveis e particulares, como o gosto de uma torta, o calor de uma xícara de chá quente, o som da voz de alguém, ou a visão de um pôr do sol. Reflexão ou sentido interno é a percepção que ocorre em nossas mentes com as ideias ali depositadas através das sensações, gerando dúvidas, crenças, vontades e o conhecimento propriamente dito. É somente com o segundo estágio, da reflexão, que atingimos o entendimento das coisas.

– É por isso que você insiste tanto na reflexão!

– Não resta outra via. Buscar a verdade dentro de nós.

Capítulo 21

*"Tente mover o mundo – o primeiro passo
será mover a si mesmo." (Platão)*

Naquele momento, tudo começava a fazer sentido. A meta, o planejamento e as ações, mas entendia que havia de me conhecer mais.

– Vasilis, eu estava pensando que, com as informações e dicas que me você me deu, pude evoluir bastante nesses últimos dias, mas vejo que ainda falta me conhecer mais.

– Paciência, Willian. Falamos das oliveiras em Esparta, que tudo tem seu tempo. O importante é jamais perder o foco. Certa vez, aqui em Olímpia, um dos melhores arqueiros convidou um aluno para assistir a uma demonstração. Pegou uma romã e a colocou no galho de uma árvore. Depois, pegou o arco e se posicionou a uma distância de trinta passos. Então, pediu que o aluno amarrasse uma venda em seus olhos. Antes de disparar a flecha, questionou o aluno sobre quantas vezes já havia assistido àquela demonstração. O aluno respondeu que foram centenas de vezes e que ele nunca havia errado o alvo. O arqueiro esticou a corda e lançou a flecha, que sequer atingiu a árvore. Pasmo, o aluno informou que ele havia errado. O mestre, então, respondeu que havia lhe ensinando uma grande lição sobre o poder do pensamento. Ou seja, quando desejar uma coisa, concentre-se somente nesta meta, pois ninguém será capaz de atingir um alvo que não consegue ver.

— Vou me preparar para me tornar sócio do escritório. Buscarei incessantemente me qualificar. Só descansarei quando atingir a meta. Nem que tenha que morrer por isso.

— Calma, Willian! Buscar atingir a meta sem perder o foco, sim, mas pagar tal tributo com a morte, é demasiado.

— Um pouco de humor inglês, Vasilis. A vida vale mais do que qualquer trabalho.

— Sim, mas houve uma tarefa na Grécia, cumprida há muitos anos, que ocasionou a morte daquele que a cumpriu com louvor.

— Não consigo acreditar. Sem duvidar de você, é claro.

— Conta-se que, no ano de 490 a.C., quando os soldados atenienses partiram para a planície de Marathónas

Um coach grego

para combater os persas, suas mulheres ficaram ansiosas pelo resultado, porque os inimigos haviam jurado que, depois da batalha, marchariam sobre Atenas, violariam suas mulheres e sacrificariam seus filhos. Ao saberem dessa ameaça, os gregos deram ordem a suas esposas para, se não recebessem a notícia de sua vitória em 24 horas, matar seus filhos e, em seguida, suicidarem-se. Os gregos ganharam a batalha, mas a luta levou mais tempo do que haviam pensado, de modo que temeram que elas executassem o plano. Para evitar isso, o general Milcíades ordenou a seu melhor corredor, o soldado e atleta Feidípedes, que corresse até Atenas, situada a cerca de 40 km, para levar a notícia. Feidípedes correu essa distância tão rapidamente quanto pode e, ao chegar, conseguiu dizer apenas "vencemos", e caiu morto pelo esforço. Cerca de 2.400 anos mais tarde, em 1896, quando da criação dos primeiros jogos olímpicos da era moderna, Feidípides foi homenageado com a prova da maratona, cuja distância foi estipulada em cerca de 40 km, a distância aproximada de Maratona a Atenas.

– Então, essa é a origem da prova de maratona, com 42,195 km de distância?

– Sim. Foi nas Olimpíadas de Londres, no ano de 1908, que foram percorridos 42,195 km. Distância que se tornou oficial, a contar de 1921.

– Mais uma vez, a história nos mostra que somente um grande líder consegue fazer com que uma pessoa morra pelos mesmos ideais.

– Exato! Voltando ao tema da liderança, o que você planejou para o seu retorno ao escritório?

– Com base em tudo que conversamos, vou procurar ter mais paciência, ouvir mais o que o grupo tem a dizer, escutar cada um individualmente, sem julgar, e, por fim, compartilhar mais as informações que tiver. Vou me tornar um grande LÍDER ACOLHEDOR.

– É um bom começo.

– Começo? Quer dizer que ainda tem mais?

– Podemos pensar em outros pontos, Willian.

– Ajude-me, por favor.

– Um bom líder deve começar definindo o quadro global.

– Como faço isso?

– Uma boa ideia é começar pensando em quem somos, como agimos e o que queremos.

– Missão, visão e valores?

– Isso mesmo.

– Quando me tornei encarregado, foi uma das primeiras tarefas que executei. Reuni todo o grupo, desde os sócios até os cargos mais singelos. Com base nos valores dos sócios, fixamos nossa identidade, quem somos, nossa missão. Depois, discutimos aonde queríamos chegar, ou seja, nossa visão. Assim, alinhamos todo o trabalho. Estamos lutando por uma mesma causa.

– Muito bom. Ficou claro para todos os seus papéis?

– Como assim?

– Como já falamos nesta viagem, cada um é responsável por parte da engrenagem. Para o relógio do Palácio de Westminster, em Londres, funcionar, onde o Big Ben dá suas badaladas, necessário se faz que cada peça esteja em perfeitas condições. Assim é também em qualquer empresa. Se não houver harmonia, se cada um não realizar sua atividade, a meta não será atingida. E esta é a tarefa do líder. Então, cada um deve ter conhecimento específico do que efetivamente deve fazer. Sugiro que descreva as tarefas de cada um por escrito. Se não, poderá ocorrer de ninguém ficar responsável, por falha na informação.

– Certa vez, ouvi uma pequena história que narrava algo parecido.

– Vamos ver se é esta. Era uma vez, quatro pessoas que se chamavam TODO MUNDO, ALGUÉM, QUALQUER UM e NINGUÉM. Havia um importante trabalho a ser realizado e TODO MUNDO acreditava que ALGUÉM é que iria executá-lo. QUALQUER UM poderia fazê-lo, mas NINGUÉM o fez. ALGUÉM ficou aborrecido com isso, porque entendia que a execução do trabalho era responsabilidade de TODO MUNDO. TODO MUNDO pensou que QUALQUER UM poderia executá-lo, mas NINGUÉM imaginou que TODO MUNDO não o faria. TODO MUNDO culpou ALGUÉM, quando NINGUÉM fez o que QUALQUER UM poderia ter feito.

– É essa mesmo. E muitas vezes acontece no escritório.

– Por isso, a importância de definir as atividades de cada um. Assim, poderá cobrar do todo. Além disso, você deve desenvolver e conquistar a confiança, tanto a sua com eles como a deles com você.

Capítulo 22

*"Procurai suportar com ânimo
tudo aquilo que precisa ser feito." (Sócrates)*

Questionei-me por um bom tempo sobre o que havíamos conversado, enquanto caminhávamos observando o que havia sobrado de várias construções antigas. Deveria ter sido um local efervescente durante os jogos. Vasilis falou da grandiosidade do evento. Podia localizar aquilo que haviam sido as saunas, os templos, escritórios, alojamentos e o estádio. Causava espanto o tamanho. Por alguns instantes, pude imaginar pessoas circulando à minha volta, preparando-se para as provas.

– Confiança eu tenho – falei em um tom de voz muito mais alto do que deveria, a ponto de causar espanto em um grupo de turistas que passavam por perto, e fazer com que Vasilis perguntasse:

– O que é confiança para você, Willian?

– É eu poder ordenar que meus colaboradores façam coisas para mim.

– Aristóteles dizia que "se está ao nosso alcance fazer, também está não fazer". Sócrates, por sua vez, ensinava que "aquilo que você não puder controlar, não ordene". Sendo assim, além de solicitar a execução de uma tarefa, devemos ter certeza de que a mesma foi executada.

– Mas, dessa forma, entendo que estaremos passando uma mensagem de que não confiamos na pessoa.

– Muito bem. Mas, diferente de dar a ordem, como você falou, o correto é fazer com que a pessoa acredite naquilo que está fazendo, e passe a fazer não por obrigação, mas por estar comprometida com a tarefa e com seu líder. Uma pessoa comprometida com seu trabalho e seu líder vai executar suas atividades da melhor forma possível, e não por uma simples obrigação. Essa é a tarefa do LÍDER ACOLHEDOR. Tal fato me faz lembrar de duas histórias que ouvi quando era ainda estudante. Contam que três pedreiros estavam assentando tijolos em uma construção. Um homem que passava perguntou a eles o que faziam. O primeiro respondeu que levantava uma parede. O segundo falou que estava trabalhando pelo seu salário. Já o terceiro, com um sorriso no rosto, disse que estava construindo um templo para Apolo, o deus da sabedoria.

– E a outra história, Vasilis? – perguntei mais para desviar a atenção do tema do que pelo interesse em si.

– Como você deve saber, a sociedade ateniense era formada por diversas camadas sociais. Dentre elas, a dos escravos. Narra esta história que um aristocrata, proprietário de um escravo, após longos serviços prestados por este, resolveu libertá-lo. Chamou o escravo e informou-lhe de sua intenção. Como última tarefa, o aristocrata solicitou que ele lhe prestasse um derradeiro serviço, que seria a construção de uma pequena casa em um de seus campos. O escravo, acostumado com esse tipo de trabalho e muito contente com sua futura condição de homem livre, passou a executar o que lhe fora pedido. No entanto, não conseguia prestar muita atenção no que fazia. Somente pensava que, ao cabo da atividade, seria livre. Assim, construiu a casa de qualquer maneira e da forma mais rápida que pôde. Ao término da tarefa, correu ao seu senhor para avisá-lo da conclusão. O aristocrata, feliz, parabenizou-o pela sua nova condição, entregando-lhe sua carta de liberto e comunicando-lhe que passaria a morar, também como agradecimento e presente pelos serviços prestados, na casa que construíra.

– Deve ter sido um choque para ele. Se soubesse que a casa seria sua, provavelmente teria construído com mais capricho.

– O motivo por que contei essas histórias é que muitas vezes achamos que podemos confiar nas pessoas, mas estas não estão, de fato, comprometidas com o nosso objetivo. Pedimos e, tão logo viramos as costas, falam da gente ou fazem de qualquer maneira, quando fazem.

– E o que recomenda que eu faça?

– Como conversamos, o líder fará com que as pessoas o sigam. Então, confie nos seus liderados. Atribua atividades e converse com eles. Cumpra com aquilo que diz. Seja digno de confiança. Trate todos com coerência e justiça e não aja com favoritismo. Se eles não sabem algo, ensine. Como vimos, John Locke sugeria que o homem não nasce sabendo. Então, temos que aprender. Cabe ao líder ensinar. Lembre-se sempre do LÍDER ACOLHEDOR.

– Sim, mas sempre há aqueles com quem eu falo e parece que não escutam.

– Se não estou enganado, você também comentou que, antes de se tornar encarregado, confiava na memória. Algumas pessoas precisam escrever para não esquecer. Outras, uma vez dito, jamais esquecem.

– É verdade. Aprendi com Zhi sobre o sistema representacional. Como nosso meio interno se comunica com o meio externo.

– Portanto, você deve ter paciência. Se falou uma vez e a pessoa não aprendeu, fale de novo. Demonstre como fazer. Quando alguém faz, tende a não esquecer.

– Ouvi, esqueci. Vi, lembrei. Fiz, aprendi.

– Bela frase, Willian. É sua?

– Não, é de Confúcio. Ouvi do Zhi e nunca a esqueci.

– Nesta sequência, quando você tiver total confiança no grupo, poderá delegar tarefas e não se preocupar, pois saberá que o resultado será o que você aguardava. É interessante que, em muitos casos, pelo fato de o líder ser um bom exemplo, ele passa a ser o modelo de alguns colaboradores. Assim, começam a escrever como o modelo escreve, usar palavras que o modelo usa, se vestir como ele se veste e, até mesmo, se postar fisicamente como o líder.

– No escritório tinha um advogado que era quase um sósia de um dos diretores. Fazia tudo igual ao que o diretor fazia.

– E o que aconteceu com ele?

– Tornou-se sócio do escritório.

– Este é um exemplo daquilo que você me ensinou sobre o processo de modelagem. Escolhe o modelo e o copia. Se o modelo se tornou um exemplo bem-sucedido, em tese aquele que o segue tem boas chances de ser bem-sucedido também.

– É o que ocorreu com esse colega. E nós achávamos que ele era um tremendo adulador. Na verdade, ele era inteligente.

– "O homem inteligente aprende com os próprios sofrimentos; o homem sábio aprende com os sofrimentos alheios". Ele era sábio. Ainda quanto à delegação, muitos, na primeira tarefa delegada feita de forma diversa do que imaginavam, desistem, xingam quem a executou e não lhe atribuem mais nada. O que acontece?

– O que delegou vai acabar fazendo.

– Exatamente! Se, ao invés, ele insistir, fazer uma, duas, três vezes, o aprendiz vai acabar aprendendo. Nesse momento, o líder se retira da atividade operacional e passa a executar atividades de cunho estratégico, que é o que esperam do líder.

– Tenho um amigo que tem um restaurante e vive afirmando que não tem tempo para nada.

– Sim. A vida de um empresário é difícil, mas não pode ele ficar lavando louça, cozinhando e cobrando no caixa. Ele tem que se preocupar com o ambiente, com os insumos, com a equipe, com os custos e os clientes. Contratar as pessoas certas, cada qual com perfil adequado à função, atribuir suas tarefas e analisar se todos os processos estão sendo bem executados. Ele tem que estar com disponibilidade para prestar atenção em tudo que está acontecendo.

– Meu amigo está sempre correndo atrás do tempo.

– Hoje em dia, isso é bem comum, Willian. Falta de planejamento do tempo. Veja o nosso caso, por exemplo. Estamos há quantas horas sem nos preocupar com o tempo? A maioria das pessoas não sabe administrar seu tempo. Deixam de dar atenção para as coisas importantes e aquilo que é importante e não foi cumprido no prazo pode se tornar urgente.

– Como assim?

– Um exemplo é o de uma pessoa que tem problemas cardíacos. O que deve fazer um paciente com propensão a infartar?

– Ora, Vasilis, no mínimo, uma bateria de exames a cada ano.

– Perfeito. E se ele não fizer o acompanhamento e infartar?

– Deverá correr para um hospital. Se tiver sorte e não morrer, poderá ter sequelas.

– Que poderão ser reversíveis ou irreversíveis. Mesmo que não fique com sequelas, provavelmente passará alguns dias sob observação, descansando.

– Sem trabalhar e se movimentar.

– Correto. Isso vai gerar um grande transtorno no seu dia a dia, pois terá que recuperar o tempo perdido depois. Sem falar no susto.

– E tudo porque não fez os exames no momento oportuno.

– Ou melhor, porque não deu atenção àquilo que era importante. E o que era importante, virou urgente. Passamos boa parte da vida resolvendo coisas urgentes, quando deveríamos planejar nosso tempo para dar ênfase às coisas importantes.

Capítulo 23

"O prazer no trabalho aperfeiçoa a obra." (Aristóteles)

Quando entramos no estádio, após passarmos por um túnel de pedras, não pude deixar de me emocionar. Foi como se estivesse entrando em um túnel do tempo. Não sei se imaginei ou se voltei mesmo no tempo. Mas vi as arquibancadas cheias, o povo gritando e, na pista, os competidores...

– Willian!

Voltei à realidade e constatei que os competidores nada mais eram do que turistas correndo como se estivessem participando de uma prova. Muitos voltavam suando, mas todos estavam exultantes por terem cumprido os 192,27 metros da pista, que, segundo tomei conhecimento, representavam 600 pés de Hércules, enfileirados.

– Sim, Vasilis?

– Veja essas pessoas. Dá para ver no semblante delas que estão vivendo a mesma emoção que os vitoriosos viviam. É como se essas arquibancadas estivessem tomadas por trinta mil espectadores.

– Trinta mil?

– Sim. Esta era a capacidade do estádio. Todos incentivando seus atletas. E estes dando o seu melhor, empolgados com a ideia de se tornarem heróis de suas cidades. Isso é parte dos atributos de um líder para motivar e manter uma equipe. Incentivo, elogio e empolgação.

– É, mas não dá para ficar elogiando toda hora.

– Sócrates dizia que "entre os animais ferozes, o de mais perigosa mordedura é o delator; e entre os animais domésticos, o adulador". Não devemos confundir adulação com elogio. O elogio deve ser dado sempre que a pessoa fizer algo correto e se destaque entre outras atividades. Quando fizer o trabalho bem feito, elogie. Premie a equipe como um todo, não os integrantes individualmente. Evidencie os talentos e reconheça publicamente a dedicação, os esforços e o sucesso deles. Este é o LÍDER ACOLHEDOR. Agora, o que não devemos fazer é ficar falando a toda hora que o colaborador é bom, é maravilhoso, que adoramos ele, para não ficar parecendo adulação. A pessoa toma isso não como elogio, mas como algo falso. E essa desconfiança não interessa ao grupo.

– Devemos falar quando há algo importante a ser dito. Assim como os índios da tribo norte-americana.

– "O sábio fala porque tem alguma coisa a dizer; o tolo porque tem que dizer alguma coisa", ensinava Platão. Aristóteles, por sua vez, dizia que "o sábio nunca diz tudo o que pensa, mas pensa sempre tudo o que diz". Além do elogio, você também pode incentivar as pessoas, mostrar que elas são capazes. Ajude o colaborador a ver novas possibilidades de crescimento. Incentive a promoção de conhecimento. Faça-o ver a importância do aprimoramento constante, por meio de estudos, cursos, seminários. Desafie cada integrante da equipe a participar e contribuir, mas faça isso de maneira positiva e visando aos resultados. Mostre sua empolgação, e ele também se empolgará. A energia com empolgação é contagiante. Seja positivo, para cima e otimista. Espere grandes coisas de sua equipe e eles darão o melhor para não desapontá-lo.

– Assim como esses turistas vibrando com suas conquistas.

– Sim. E não deixa de ser uma conquista mesmo. Veja aquela senhora oriental que está chegando. Ela percorreu, neste sol, os quase duzentos metros. Se considerarmos sua idade avançada, mesmo que pareça uma brincadeira, ela está comemorando como se houvesse vencido. Então, a cada conquista, comemore. Mesmo que Aristóteles tenha escrito que "o reconhecimento envelhece depressa", temos muitos motivos para comemorar e reconhecer em nossos trabalhos. Reconheça os pontos fortes de cada indivíduo e ofereça um reforço positivo. Erra aquele líder que imagina que somente os grandes feitos devem ser comemorados.

– Vou adotar isso quando voltar, pois no escritório poucas vezes festejamos algo.

– Verá que fará a diferença. Cuide apenas para que haja o envolvimento de todos sem obrigatoriedade de comparecimento. Lembre-se de que o LÍDER ACOLHEDOR é sempre seguido. Ele não obriga a lhe seguirem.

– Mas há pessoas com valores diferentes.

– Não resta dúvida. Por isso, a necessidade de conhecer cada membro da sua equipe. Pensar que conhecemos o outro muitas vezes nos faz incorrer em um erro de juízo que pode afetar todo o grupo. Lembro-me de um amigo em Atenas que levou o filho para uma cidade do interior, com o firme propósito de mostrar a ele que as pessoas podem ser pobres. Pretendia que o filho aprendesse a valorizar os bens materiais que tinha. Os dois pernoitaram na casa de barro de um pastor de ovelhas na zona rural. No caminho de volta para Atenas, o pai perguntou se o filho havia gostado do passeio e se havia notado a diferença entre viver na riqueza e na pobreza. Então, o filho respondeu que sim, que pôde perceber que, apesar de ter um cachorro em casa, eles tinham cinco. Que apesar de ter uma piscina bem grande, eles tinham um riacho que não acabava nunca. E ainda que tivesse uma casa com uma varanda bem iluminada, eles tinham a lua e as estrelas. Por fim, se o quintal da família era grande, não se comparava à floresta inteira deles. O pai, perplexo, ainda pôde ouvir o filho agradecê-lo por mostrar-lhe como eles eram pobres.

Naquele momento, lembrei-me das vezes em que tentei pressionar o grupo para que todos seguissem meu pensamento, sem considerar a possibilidade de que talvez tivessem valores diferentes dos meus.

– O líder não pode pressionar seu grupo. Este é um bom aprendizado da história que acabei de contar, se relacionarmos com a liderança.

Parecia que ele tinha lido meu pensamento.

– Willian, diminua a pressão. Assim como as pessoas têm valores diferentes, deixe que a equipe tenha o máximo de liberdade para determinar como irá trabalhar em conjunto. A flexibilidade em relação a todas as regras preexistentes é uma chave importante para um trabalho em equipe bem-sucedido.

– Parecido com a delegação.

– Sim. Diga o que espera do grupo e eles farão. Como, quando e onde, não é importante. O importante é o resultado. Em algumas empresas, vemos pessoas sendo valorizadas pelas horas que permanecem lá dentro. Este é outro erro. Mais importante é aferir a produção de cada um.

– E também há os casos em que o líder não vê o todo, nem tudo que foi feito, prendendo-se a um único detalhe que não foi bem feito.

– Um dia, eu estava sentado num restaurante no bairro de Plaka, em Atenas. Na mesa ao lado, um casal jantava. Estavam fazendo uma retrospectiva do ano que findava e o homem começou a reclamar sem parar de algo que não havia saído como ele planejara. Refletindo, a mulher olhava para a árvore de Natal que enfeitava o restaurante. Como o homem achou que ela não estava sequer ouvindo-o, comentou, de forma irônica, sobre a beleza da iluminação da árvore. A mulher, então, olhou para ele e disse que, de fato, a iluminação era muito bonita, mas que, se ele reparasse bem, no meio das dezenas de lâmpadas havia uma que estava queimada. Falou, em seguida, que essa lâmpada lembrava ele, pois, ao invés de olhar para as muitas coisas boas que aconteceram ao longo do ano, ele estava fixando todo o seu pensamento em uma única coisa que não saíra tão bem como esperava. Contei isso somente para reforçar o que você disse. E, mesmo assim, deveria estar refletindo e buscando uma forma de fazer diferente, na próxima vez.

– É o que falamos sobre reconhecer os erros e valorizar os acertos. Inspirar.

– Este é um outro ponto importante.

– Qual, Vasilis?

Àquela altura, já quase noite, minhas ideias não estavam mais concatenando direito, diante de tanta informação.

– Antes de mais nada, o líder deve inspirar. Quando estiver encarregado de uma equipe, lidere por meio do exemplo. Você vai acabar virando o modelo de que falamos. Use o plural ao invés do singular. Diga "nós" com mais frequência do que "eu", mas nunca se esqueça de que a responsabilidade final é sempre sua. Se algo der errado, assuma a reponsabilidade sem culpar os outros. Quando chegar a hora certa, discuta os problema calmamente com a equipe.

– Obrigado, Vasilis. Vou guardar todas essas informações, e pode ter certeza de que aplicarei todos esses ensinamentos com minha equipe.

Logo em seguida, chegamos ao hotel.

– Vasilis, enquanto andávamos, vinha pensando em tudo que aprendi hoje. E, ao fazer uma análise, lembrei-me de que não falamos do perfil do analista, o qual devo melhorar, conforme constou na minha avaliação.

– Sem problema, Willian. Daqui a uma hora, no restaurante do hotel, durante o jantar, conversaremos sobre o perfil do analista.

Capítulo 24

*"Não pense mal dos que procedem mal;
pense somente que estão equivocados." (Sócrates)*

Entrei no quarto e me deitei na cama. Sabia que deveria anotar todas aquelas informações para não esquecê-las. No bloco de notas do celular, coloquei primeiro as palavras-chaves, para depois desenvolver o conteúdo. Fortaleceu-se a dica de Vasilis sobre a necessidade de anotarmos as informações e não confiarmos tanto na memória. Mas conseguia me lembrar de quase tudo que dizia respeito às mudanças necessárias para me tornar um bom planejador e um LÍDER ACOLHEDOR, e assim atingir minha meta, que naquele momento me parecia cada vez mais acessível.

Os dias tinham sido tão intensos, que sequer havia conseguido parar para falar com Sarah. De qualquer forma, ela já sabia que eu era assim: sempre intenso, buscando conhecimento, a cabeça voltada para coisas novas e mudanças, uma mente inquieta.

Mesmo assim, liguei para ela e comentei a mudança que estava ocorrendo em mim. Senti sua felicidade e o apoio que me transmitiu, como sempre fizera.

Desci ao restaurante e encontrei Vasilis sentado à mesa.

– Vinho, Willian?

– Não, obrigado. Vou querer uma *Mythos* bem gelada.

Naquele momento, para meu espanto, pude ver que estava apreciando e me moldando à cultura local. A *Mythos* passara a ser uma ótima cerveja.

– Não vai querer provar o vinho grego?

Como não conhecia a tradição vinícola da Grécia, reforcei minha escolha pela cerveja.

– Eu, como bom inglês, prefiro a cerveja. Mas é bom este vinho? – perguntei somente para não parecer indelicado.

– Sim. Pode não haver tradição grega na elaboração de vinho, mas gosto muito deste da região de Nemeia.

– Região do leão e de Hércules.

– Exato! Muitos não sabem, mas, segundo a História, as vinhas e o vinho apareceram pela primeira vez na Grécia, por volta de 4000 a.C. Dionísio, filho de Zeus, era o deus da vegetação e do vinho, adorado com festas e eventos em várias ocasiões. Existem descrições detalhadas de processos de produção de vinho que datam de 2500 a.C. A mais antiga prensa de vinho do mundo foi conservada na ilha de Creta, onde foram encontrados gravetos de parreira em túmulos muito antigos.

– Novidade, mas fico com a minha boa cerveja *Mythos*, que aprendi a degustar. Acho que meu lado analista está melhorando.

Era a minha entrada para a conversa que queria ter.

– Entendi, Willian. Vamos falar sobre o perfil analista. No que diz respeito às emoções, um dos pontos de melhoria do analista é deixar de se fazer de vítima. Parece que gosta de sofrer, chegando à beira da hipocondria.

Lembrei-me de quando havia chegado a Atenas e não parava de reclamar sobre os motivos que fizeram o escritório determinar que eu ficasse na cidade entre uma audiência e outra. Culpava os sócios e cheguei a achar que queriam ficar longe de mim.

– Willian, ninguém gosta de perdedores. As pessoas se juntam àqueles que estão bem. Você se imagina ao lado de alguém que reclama todos os dias de tudo, principalmente de dor?

– É difícil o convívio. Então, é melhor ficar quieto.

– Não podemos também ser extremistas. O analista, muitas vezes, fica tão introspectivo, que chega ao ponto de se prejudicar.

Novamente me recordei do período em Londres, quando ficava longos períodos em casa sem me comunicar com ninguém. Só saía para ir de casa ao trabalho e vice-versa.

– As pessoas valorizam os outros pelo convívio. As relações interpessoais vão ser definitivas na vida, quer você queira ou não. O tratamento que você dispensar aos seus vizinhos, colegas, parentes ou amigos vai ser avaliado. E você receberá deles o mesmo tipo de tratamento. Platão falava que "o amor é filho da pobreza e da riqueza. Da pobreza, porque constantemente pede; da riqueza, porque constantemente se dá".

– Concordo, Vasilis, mas muitos não merecem ser considerados.

– Isso me parece um pouco de orgulho, que é outro dos pontos a serem vistos do analista. Vimos que o líder não pode ser orgulhoso. Mas, falando em liderança, vamos falar do analista quanto aos relacionamentos.

Senti um certo alívio por termos mudado de tema. Já sabia o quanto era orgulhoso.

– Willian, como falamos de perfis, vimos que os seres humanos não são iguais. Dessa forma, não podemos criticar o outro por ter preferências ou estilo diversos dos nossos. Cada um vai agir de um jeito diante da mesma situação. Pior, quem estiver de fora, observando a situação, pode ter um olhar crítico totalmente diferente para o que está acontecendo.

– Não entendi. Foi muito rápido.

– Vou contar um fato ocorrido em uma cidade próxima daqui, Kalamata, terra das melhores azeitonas da

Grécia. Um agricultor, após a colheita das azeitonas, andava pelas ruas da cidade, montado em seu cavalo, que era puxado por uma corda pelo seu jovem filho. Uma senhora, passando, não pôde deixar de se manifestar, dizendo sobre o absurdo que era uma criança se esforçando tanto, enquanto seu pai ia sentado tranquilamente. O pai, ao ouvir o comentário, desmontou do cavalo e colocou o filho sentado na sela. Logo em seguida, passou um senhor mais idoso, que falou sobre o descalabro de um jovem fazer um velho caminhar tanto, enquanto ia sentado. O comentário magoou o filho, que solicitou ao pai que também montasse o cavalo. Pouco depois, outro passante resmungou que nunca havia visto tamanha crueldade com um animal. Além do peso das azeitonas, ainda carregava duas pessoas. Pai e filho se olharam, e sem dizer uma palavra desmontaram do cavalo. Nem haviam caminhado vinte metros, puderam ouvir, de uma casa, um jovem, em tom irônico, falar sobre a imprestabilidade daquele cavalo, se sequer podia levar como montaria um dos dois.

– É verdade. Independentemente do que fizermos, sempre haverá alguém que discordará.

– Sim. Por isso, não critique os outros. Ou, se for criticado, reflita para ver se há razão na crítica, pois sabemos que o analista sempre busca a perfeição e teme que os outros falem dele.

– Confesso que, nesse ponto, me identifico. Muitas vezes, torno-me violento no falar.

– É normal no analista. Aristóteles ensinava que "qualquer pessoa pode encolerizar-se". É fácil. Mas encolerizar-se com a pessoa certa, no grau certo, no momento certo, pela razão certa e da forma certa, não é fácil.

– Concordo. Muitas vezes, ouvi dizerem que sou de difícil convivência.

– Não seja tão duro consigo mesmo. Até parece que gosta de sofrer. Você tem muitos pontos positivos. Vamos ver agora os pontos negativos na conduta do analista. Se você não incorrer nesses erros, estará fortalecendo o seu analista.

– Compreendi. Naquilo em que eu acho que tenho essas tendências, buscarei me fortalecer, pois entendo que meus pontos fortes devem ser potencializados e os negativos devem ser corrigidos ou ao menos minimizados.

– Ótimo! Esta é a essência.

– Então, diga-me todos de uma só vez. Assim, diminuo minha ansiedade.

– Mas também diminui sua capacidade de compreensão. E isso não é um desabafo ou xingamento, mas um aprendizado para obter mudanças em seu comportamento, para atingir sua meta.

– Desculpe-me, Vasilis, mas não gosto de ouvir os meus defeitos.

– Somente nos conhecendo é que poderemos mudar nossos hábitos e comportamentos. Quanto menos autoconhecimento tivermos, mais indecisos seremos.

– De fato, sou bastante indeciso.

– O que o torna mais teórico do que prático.

– É um fato.

– Daí decorre que hesita muito para iniciar novas empreitadas. Analisa exageradamente, o que o leva, na maioria da vezes, a se desencorajar do feito.

Parecia que estava lendo meus pensamentos novamente.

– Sim, Vasilis. Mais uma vez, você foi preciso.

– O bom dessa reflexão é que, a partir de agora, você pode mudar. Agora está com você a decisão.

Acabamos de jantar em silêncio. Minha mente estava um turbilhão. Misturava ideias de frustração com ideias de conquista, pois sabia o que deveria fazer.

– Amanhã, às oito horas, no salão do café.

Foram as últimas palavras de Vasilis, antes de eu cair num sono olímpico.

Capítulo 25

*"O começo é a parte
mais difícil do trabalho." (Platão)*

Acordei em um misto de serenidade e questionamento. O destino hoje era Delfos. A famosa cidade de Delfos. O que o oráculo apresentaria para mim, nesta viagem inusitada e de grandes aprendizados?

— Bom dia, Willian! Pronto para o grande desafio?

Aquela pergunta enigmática me deixou, de certa forma, ansioso. Qual seria o desafio? Será que eu teria algum tipo de epifania? Será que alguma revelação me seria feita? Tomamos um café rápido. Subimos nas motos e nos lançamos na estrada.

Desta vez, por termos feito uma volta maior pelo Peloponeso, para chegarmos a Delfos deveríamos retornar e subir em direção ao norte. No mapa, pude verificar que seriam 241 km. Um ótimo percurso para refletir, e isso a moto permitia.

Quando se viaja de moto, além das exuberantes paisagens que podemos desfrutar, temos a possibilidade de fazer uma boa análise de nossas vidas.

Desta vez, não foi diferente.

Apesar de irmos lado a lado, como um bom *coach* faz, Vasilis em momento algum desviou minha atenção. Provavelmente, também fazia suas reflexões, pois dissera que ninguém jamais retornara igual após passar por Delfos.

Mas meus pensamentos mudavam à medida que nos aproximávamos da quilometragem marcada no hodômetro da moto, indicando nosso destino.

Para alguém pragmático como eu, aquilo parecia, de certa forma, fantasioso. Mais lenda do que realidade.

Mas, afinal, o que é a realidade? Naquele instante, percebi meu ingresso no mundo filosófico grego. Eu estava contaminado por Delfos.

O santuário de Delfos está localizado no estado da Fócida, uma região montanhosa. Quanto mais subíamos, mais eu sentia minha pequenez diante da natureza circundante.

Pela quantidade de ônibus, percebi que estávamos chegando. Estacionamos as motos próximo da entrada do parque e, então, pude vislumbrar toda a grandeza do local. Eu havia imaginado, erroneamente, que se tratava apenas de um templo dedicado a Apolo, o deus mitológico da sabedoria.

– Como foi a viagem, Willian? – perguntou Vasilis, demonstrando tranquilidade e certa felicidade por estar ali.

– Foi tranquila, mas, para ser sincero, estou atônito. Não esperava ver tamanha grandeza e tantas construções.

– Há mais coisas que não conseguimos enxergar deste ponto, como o teatro, com capacidade para cinco mil pessoas, ou o estádio, mais acima, com capacidade para seis mil e quinhentas pessoas.

– Podemos conhecê-los?

– Claro. Vamos seguir o caminho principal que vou contando algumas histórias ocorridas aqui em Delfos, além daquelas que já contei durante nossa viagem.

– Lembro-me da história de Édipo e de Sócrates.

Antes de ingressarmos no santuário, como meu amigo chamava o local, pude ver Vasilis fazer uma genuflexão até o solo, demonstrando seu total respeito e adoração pelo local, que para ele era sagrado.

– Isto mesmo, Willian. Esses são dois episódios. Conta a história que o oráculo era de responsabilidade da deusa Têmis, e guardado pela serpente Píton. Apolo, que havia aprendido a arte da profecia de Pã, filho de Zeus e Húbris, matou a serpente e tomou o oráculo.

– Mas li que havia mulheres que prediziam o futuro, as pitonisas e sibilas. Como era isso?

– Em Delfos havia uma fonte que emitia os vapores que permitiam ao oráculo fazer suas predições. Apolo matou a serpente Píton, mas teve que ser punido, pois Píton era filha de Gaia, conhecida como Mãe Terra. O altar de Apolo provavelmente foi dedicado primeiro a Gaia e depois a Poseidon, deus das águas. O oráculo, naquele tempo, predizia o futuro baseado na água ondulante e no sussurro das folhas das árvores. A primeira a transmitir o que o oráculo dizia tornou-se conhecida como Sibila, embora seu nome fosse Herófila. Ela cantava as predições que recebia de Gaia. Mais tarde, Sibila tornou-se um título dado a qualquer sacerdotisa devotada ao oráculo.

– E as pitonisas?

– Era como elas eram chamadas anteriormente e, muitas vezes, concomitantemente. A Sibila apresentava-se sentada na rocha sibilina, respirando os vapores vindos do chão e emitindo suas frequentemente intrigantes e confusas predições.

– E, pelo que posso inferir, era bastante consultada.

– Este oráculo exerceu grande influência na Grécia, sendo consultado antes de qualquer empreendimento principal, como guerras, fundação de colônias, e assim por diante. Era, inclusive, respeitado em outros países, como Macedônia, Lídia, Cária e até mesmo no Egito.

– Não consigo imaginar.

– O rei Creso, da Lídia, consultou Delfos antes de atacar a Pérsia, e de acordo com Heródoto, o historiador, recebeu a seguinte resposta: "Se você o fizer, destruirá um grande império".

— O rei atacou o inimigo?

— Sim. O rei Creso achou a resposta favorável, atacou e foi completamente derrotado.

— Então, o oráculo falhou, Vasilis.

— Não. Pois Creso não imaginou que a destruição pudesse ser a do seu próprio império.

Capítulo 26

"O que faz andar o barco não é a vela enfunada, mas o vento que não se vê." (Platão)

— O rei Creso foi arrogante e presunçoso. Não fez uma análise do seu exército e do exército inimigo. Bastou ouvir uma frase, que julgou lhe ser favorável, para se lançar ao ataque. A famosa *hybris* do herói, quando a pessoa fica cega e surda, achando que é invencível. Provavelmente, sequer se conhecia.

— Autoconhecimento.

— Conhece-te a ti mesmo e conhecerás o Universo.

— Sócrates.

— Muito bem, Willian!

Pude ver a satisfação nos olhos de Vasilis, típica do mestre quando vê que seu aluno está em processo de desenvolvimento e absorvendo o conhecimento proposto.

– Ocorre que estou começando a aprender a me conhecer. E sei que ainda tenho uma longa jornada pela frente.

– Mais uma de Sócrates: "O início da sabedoria é a admissão da própria ignorância. Todo o meu saber consiste em saber que nada sei". Você se lembra do que conversamos sobre o *daimon*?

– Era como um espírito que habita em nós.

– Como falei anteriormente, o *daimon*, em uma tradução livre, é divindade, espírito. Na mitologia árabe, seriam os gênios. Os gregos antigos acreditavam que eram seres intermediários entre os deuses e os homens.

– Agora me lembro. Sugeri, naquele momento, que pudessem ser como o anjo da guarda e até mesmo o nosso inconsciente, na forma do superego.

– Exato. Recordo-me desse comentário.

– Vasilis, não estou entendendo a relação.

– Para mim, não resta dúvida de que devemos buscar o autoconhecimento. Para entender o outro, primeiro devo compreender a mim mesmo.

– Passei a ver dessa forma nesta viagem.

– E como a pessoa se conhece, Willian?

– Antes eu imaginava que, perguntando para os outros, eu me conheceria.

– Em parte, até pode ser. Mas o verdadeiro conhecimento, as repostas para os seus questionamentos e o caminho a ser trilhado, você só os encontrará dentro de si. Então, o verdadeiro eu, no meu modo de pensar, somente se desvelará através da busca no interior do meu ser, por meio da reflexão.

– A caverna de Platão. Se não examinarmos nossa vida, viveremos sempre nas sombras.

– Ótimo! Também vimos que John Locke sustenta que é apenas por meio da reflexão que entenderemos as coisas. Dessa forma, para o nosso autoconhecimento, necessária se faz a reflexão.

– Mas é difícil parar para refletir.

– Talvez seja uma das tarefas mais árduas que existem. Adolphe Gesché, um sacerdote e teólogo belga, recentemente falecido, dizia que a maior dificuldade do ser humano é ficar face a face consigo mesmo. Por isso, cria ruídos, liga a televisão, o rádio ou vai para um bar. Tudo porque, se pararmos para refletir, veremos nosso lado sombrio, aquilo que não queremos ver.

– Se eu não for bom, as pessoas não vão gostar de mim.

– Mas, se você não quiser enxergar o seu lado ruim, jamais vai mudá-lo.

– Fiz um pouco de psicanálise em Londres.

– Sempre é bom contar com a ajuda de especialistas para nos acompanhar, mas não devemos esquecer que ninguém, jamais, pode dizer o que devemos fazer. A resposta está dentro de nós.

– Então, como devo fazer para buscar essas informações?

– Falamos que Platão e Santo Agostinho acreditavam na doutrina das ideias inatas. John Locke, por sua vez, afirmou que adquirimos o conhecimento pela experiência vivida. No entanto, a importância do filósofo francês René Descartes foi criar um método para termos certeza daquilo que pensamos ser verdade.

– Muitas coisas passam pela minha cabeça. Às vezes parece que não sou eu que estou pensando aquilo.

– Sim. O próprio Descartes passou por isso. Ele citou a possibilidade do que chamou de gênio maligno, ou seja, um pensamento enganador. O filósofo alemão Friedrich Nietzsche costumava dizer que algo pensava dentro dele, que muitas vezes parecia que não era ele que estava falando. Sugeria, ainda, que se fosse a mente racional dele falando, antes de cada fala deveria pensar no que iria dizer, para só depois falar.

– Mas isso parece o correto.

– Mas quando se está narrando uma história, por exemplo, antes de cada palavra, a pessoa não pensa no que vai dizer. As palavras simplesmente são ditas. É como se, antes de lhe perguntar as horas, eu parasse e pensasse "agora vou perguntar as horas para o Willian", para só então fazê-lo.

– Sim, mas isso parece um pouco insano.

– Posso concordar contigo, mas também posso pensar que alguma coisa pensa dentro de mim.

– Então, posso chamar isso de espírito?

– Independentemente de chamar de espírito, *daimon*, gênio, anjo da guarda ou superego, o importante é fazer com que seja uma força que ajude você a se autoconhecer.

– O que devo fazer, então?

– Viktor Frankl foi um médico psiquiatra austríaco, fundador da escola da Logoterapia, que explora o sentido existencial do indivíduo e a dimensão espiritual da existência. Em seu livro *Em busca de Sentido*, a certa altura ele conta que durante o seu período forçado em Auschwitz teve a nítida percepção, quase uma visão, de sua esposa, que também estava prisioneira em um campo de concentração nazista. Naquele instante, ele a visualizou e conversou com ela como se a tivesse em sua presença. Manter-se vivo para encontrá-la, após o término da guerra, passou a ser o sentido de sua vida. Quando li esta passagem do livro, tive a certeza de que devemos ter um personagem interno que coordene e guie nossa caminhada.

– Sim, a voz interior.

– Perfeito! Mas estou propondo que esta voz seja personificada.

– Não entendi a diferença entre a simples voz e a necessidade de um personagem.

– Willian, assim como Descartes, cada um vai criar o seu próprio método para buscar o autoconhecimento. Mas estou convicto de que tendemos a ser mais brandos do que necessitamos para que haja crescimento interior.

– Estou confuso, Vasilis. Não estou conseguindo entender aonde quer chegar.

– Vamos exemplificar. Quando cometo um erro, ou uma situação que constranja outro, ou um deslize ético ou moral, tenho a capacidade, de forma racional, de impor ao juízo o ato que cometi. Em um primeiro momento, a crítica é feita sobre o ato. Ou seja, reflito e reconheço que agi de forma diversa daquela que deveria ser a correta.

– Sim, reconhecer o erro.

– Ocorre que, num segundo momento, a que chamaremos de momento da aplicação da pena, me parece que tendemos a ser brandos. Achamos uma desculpa ou minimizamos nossos erros, muitas vezes alegando que os outros fazem pior ou que todo mundo faz o mesmo.

– Parece-me que não podemos ser tão rígidos, tão duros com nós mesmos.

– O problema é que o amolecimento com as regras e os valores éticos e morais, de forma contínua, está transformando nossa sociedade em um ajuntamento de pessoas sem compromisso com o outro ou com o próprio meio. Eu faço, mas o outro faz pior. Não pode ser esse o discurso.

– Concordo. Mas e o personagem?

– Entendo que, no momento em que criamos um personagem, não um censor, mas alguém no qual depositamos nosso respeito, nossa consideração, nosso amor, como se fosse o nosso melhor, um personagem que sou capaz de admirar e desejar ser como ele, pois é um ser que transborda amor, compaixão e felicidade, o que ele disser para eu fazer, eu respeitarei. Não irei contra sua vontade. Ele me dirá o que devo fazer. E me dirá como devo fazer melhor na próxima vez, sobre aquilo que não fiz tão bem, ou quando tenha prejudicado alguém ou uma coletividade. Seria como acolher um outro eu que tenho dentro de mim mesmo.

– Parece uma grande ideia. Interessante que, enquanto você falava, me recordava de meu pai. Durante a infância e a adolescência, sempre que eu saía à noite ou viajava, ele me alertava para que, quando estivesse em situação de dúvida sobre uma ação a ser feita, o visualizasse e o questionasse mentalmente se deveria ou não fazê-la.

– Exatamente! Isso é muito parecido com o que estou propondo. Seu pai era uma figura de respeito e consideração para você, que não queria desapontá-lo. No caso do meu personagem, o caminho da retidão não passa pelo medo ou pelo desapontamento, mas pela construção de uma pessoa íntegra que busca seu desenvolvimento pessoal. E mudando o homem, mudamos o mundo.

– De fato, Vasilis. Agora que você colocou dessa forma, pude compreender e concordar. Eu sempre tento amenizar os meus erros. Busco comparar com erros maiores de outros para me sentir menos culpado.

– O que pode gerar uma sensação de que não é tão ruim quanto parece. Mas, por outro lado, não está permitindo o seu crescimento. Provavelmente, você seguirá cometendo os mesmos deslizes.

– O EU OUTRO EM MIM MESMO.

– Sensacional, Willian! O EU OUTRO EM MIM MESMO. Se você não se importar, vou construir uma tese filosófica com base nessa sua colocação.

Capítulo 27

"A alegria que se tem em pensar e aprender faz-nos pensar e aprender ainda mais." (Aristóteles)

Acho que Delfos havia me inspirado. Sei que toda a construção já se encontrava na cabeça de Vasilis, mas talvez faltasse a expressão correta para traduzir aquele seu pensamento. O EU OUTRO EM MIM MESMO. Um personagem que irá me dizer o que devo fazer ou deixar de fazer. Não como um censor, como o superego, mas um personagem que me dirá o caminho certo. Alguém que me ama e que eu também amo, sem que seja meu ego. Um sentimento de pureza e coabitação em um mesmo e único ente.

– Willian, não consigo parar de pensar na sua frase. O EU OUTRO EM MIM MESMO. Após anos trabalhando mentalmente e estudando diversos autores, desde os meus conterrâneos clássicos, passando pelos grandes pensadores romanos do primeiro século, pelos franceses e ingleses da Idade Média, chegando à escola alemã, e com o existencialismo de Kierkegaard e Heidegger, consegui achar uma maneira de compreender o filósofo Emmanuel Levinas, pelo qual meu grande amigo padre Pivatto, que também é filósofo, tentava me mostrar a necessidade de acolher o outro. Sei que não é esta forma que ele propugnava, mas, ao acolher a mim mesmo, também estarei acolhendo o outro. Muito obrigado, Willian, por me permitir ter tido essa ideia.

Então, propus a Vasilis, que de imediato aceitou, que eu seguisse sozinho pela trilha que percorria o santuário. Sabia que deixaria de ouvir ótimas narrativas sobre outros fatos ocorridos naquele local, mas entendi que era justo deixar meu amigo absorto em seus pensamentos sobre o EU OUTRO EM MIM MESMO.

Pela demonstração de satisfação, parecia que havia encontrado o ponto cego de uma tese. E não há alegria maior do que quando desvelamos uma ideia até então obscura.

Ele atingiu uma de suas metas. Isso restou claro para mim. Por outro lado, havia feito eu me encontrar e ensinado a me preparar para atingir minha meta quando retornasse a Londres. E este foi, sem dúvida, um grande aprendizado.

Percorri o santuário com calma. Em cada pedra pude sentir séculos de sabedoria. Há algo mágico em Delfos.

Estão certos aqueles que dizem que ninguém retorna o mesmo de lá.

Após quase três horas contemplando e refletindo, reencontrei Vasilis. Estava radiante e seus olhos brilhavam como eu nunca tinha visto antes. Sabia que Delfos havia respondido a seus questionamentos.

– Willian, muito obrigado por ter vindo comigo nesta viagem. Serei eternamente grato. Vim a Delfos para fazer umas fotos. Voltei com a resposta de algo que me fez refletir por anos. Hoje, você foi o oráculo. Novamente, muito obrigado!

– Foi por mero acaso, meu amigo. Na verdade, nem sei direito o que falei.

Uma ponta de vaidade despertou em mim.

– Não precisa ser tão humilde, Willian. Mesmo que não tenha conhecimento da dimensão, você foi importante. Sendo assim, é merecedor dos meus mais profundos agradecimentos e elogios.

Fiquei feliz por ter podido ajudar Vasilis, mas já estava na hora de subirmos nas motos em direção a Atenas.

Nossas cabeças mal cabiam dentro dos capacetes, tamanha a inquietude em que nos encontrávamos. Cada um tinha sua meta, seu objetivo.

O percurso foi realizado rapidamente. Sempre que estamos felizes ou pensando em coisas boas, o tempo passa voando.

Quando chegamos, o sol já estava se pondo, oferecendo-nos um espetáculo ainda maior sobre a, agora, para mim, grandiosa e linda Atenas.

Guardamos as motos. Estava exausto. Vasilis ainda propôs um brinde e algumas Mythos, mas eu só pensava em chegar ao hotel e transcrever todo o aprendizado que havia adquirido.

Após um longo abraço, nos despedimos. Entrei no táxi e voltei para o hotel.

Não podia esquecer a audiência da manhã seguinte e o voo à tarde.

Capítulo 28

"A esperança é o sonho do homem acordado." (Aristóteles)

Hoje completam-se três anos do meu retorno de Atenas. A audiência foi um sucesso. Nunca me senti tão confiante na frente de um juiz. O cliente percebeu até mesmo pela conduta do magistrado, que se mostrou muito respeitoso com o meu trabalho.

O interessante é que, apesar de serem processos distintos e partes diversas do processo da semana anterior, por coincidência, era o mesmo julgador. E não acredito que a mudança tenha ocorrido com ele, mas sim comigo. O tratamento dispensado foi outro, bem diferente. Afirmo mais uma vez: mude o homem e mudará o mundo.

Os resultados dos ensinamentos de Vasilis foram percebidos por meus superiores, poucos meses após o meu retorno. Podia ver que a atenção que eles me davam era diferente daquela de antes da viagem.

Meus colegas curtiam minhas histórias e elogiavam minha atenção com eles.

Reservei boa parte do meu tempo para ouvi-los. Passei a me sentir útil. Quanto mais acolhia e ouvia, mais me sentia querido e respeitado por todos.

Aprendi a avaliar um por um. Sabia distinguir suas emoções, a maneira como percebiam as informações exteriores.

Treinei mentalmente, por muitos meses, como dar um bom *feedback* para cada colega.

Inspirei. Fortaleci laços. Identifiquei cada perfil e pude extrair o melhor de cada um para compor uma equipe vencedora.

Trabalhei muito meus pontos de melhoria. Busquei dentro de mim aquele planejador que não existia e o analista que teimava em não aparecer.

Entrei em mim mesmo, várias vezes. Tive duelos gloriosos contra meu superego, meu ego e meu id. Ou, se preferirem, contra meu gênio, meu espírito ou meu *daimon*.

Mas, graças ao meu personagem forte, pude vencer a maioria das batalhas.

Visivelmente, hoje sou uma pessoa diferente daquela que esteve na Grécia há três anos. É o que minha querida Sarah diz. Nossa pequena Isabella, com seus 18 meses, ainda pouco fala, mas demonstra tranquilidade e bem-estar quando olho em seus olhos.

Se atingi a meta?

Não resta dúvida. A diferença foi enorme e a mudança, logo percebida. Minha autoestima estava ótima e, mesmo assim, me sentia cada vez mais humilde. Era considerado um dos melhores líderes que o escritório já havia empregado. Minha performance estava além das estatísticas.

Não foi pelo receio de me perder. Modéstia à parte, tenho certeza de que foi pela minha competência.

Passados dois anos do retorno da Grécia, recebi o convite. Faz um ano que pertenço ao quadro de sócios do escritório.

Sou uma pessoa realizada.

Meu amigo Vasilis virou meu *coach*. Tenho o privilégio de acolhê-lo em minha casa, toda vez que vem a Londres. Tornou-se uma celebridade na Filosofia com sua tese do EU OUTRO EM MIM MESMO.

Está revolucionando o mundo, pois está conseguindo fazer com que as pessoas deixem de pensar tanto em si mesmas para começar a pensar no outro, a acolher o outro. Começando por si próprias.

É um exercício diário, mas com a ajuda do meu personagem estou conseguindo melhorar a cada dia que passa, pois ele tem a sabedoria e a saúde de Esculápio, na figura de meu avô Amaro. A valentia de Leônidas e o zelo e a compaixão de meus pais, o que me torna imbatível. E esta é a minha força.

IMPRESSÃO:

Santa Maria - RS - Fone/Fax: (55) 3220.4500
www.pallotti.com.br